鲁迅与中外美术

李允经／著

湖南美术出版社

全国百佳图书出版单位

·长沙·

序　言

在对 20 世纪中国美术进行总体盘点的时候，美术史论家、中央美术学院教授李树声先生做了如下评述：

> 二十世纪中国美术的主流，当然是新文化组成部分的新美术占主要地位。很多前辈的努力，取得了许多前所未有的成绩，而且发展方向始终是和中国人民革命方向一致。……今天二十世纪已经走过了，我们为了未来的发展和演进，不能不回头看看过去一个世纪的不足和缺点。我想冒昧地提出两点不足。第一，模仿大于创造；第二，毁灭大于传承。
>
> ——见《社会转型与美术演进》第 208 页

这论述，我是认同的。

尤其是说到"模仿大于创造"，我们便不能不想到 20 世纪初倡导"中国画改良论"的康有为和倡导"美术革命论"的陈独秀。康有为之所以大赞唐宋绘画，贬斥元明清的文人画，是因为他从西方文艺复兴和古典主义绘画中，悟到了写实主义的重要性，他主张绘画要"重形"，而不能一味"重意"和"重神"。至于陈独秀，则把矛头指向中国文人画（写意画），而竭力倡导西方的写实主义。1917 年徐悲鸿拜见康有为时，康曾题赠"写生入神"四字，这对徐后来对写实主义的重视恐怕也不无影响。20世纪前半期，正是我们向西方取经的时期，模仿大于创造，亦可谓是一种时尚。20世纪中期，则由于我们"一边倒"的国策，选择了苏联的美术作为学习的样板，聘请苏联专家来华讲学，派出留学生赴苏深造，变先前的"全盘西化"为"全盘苏化"，这其实也是一种模仿。而发展到"文化大革命"时期，则"西化""苏化"统统打倒。连模仿也不许，更何谈创造！即使是改革开放之后的所谓"八五美术新潮"以及其后的"接轨""转型"一类的主张，都不外是要向西方现代派艺术学习，依然是模仿大于创造。

但是，尽管如此，20世纪我国美术领域仍然是作为新文化运动组成部分的新美术占据着主导的地位。它的旗手，既不是徐悲鸿，也不是陈独秀，更不是康有为，而是作为新文化运动主将的鲁迅。鲁迅有一条遗嘱："孩子长大……万不可去做空头的文学家或美术家。"这话我看也可以这样理解：鲁迅认为他自己既是文学家，又是美术家，而且不是"空头"的，是有实绩的，是名符其实的。在这一点上，鲁迅是实事求是的。

鲁迅自幼热爱美术，也常常作画。在北平教育部任职期间，发表《拟播布美术意见书》指出"美术云者，即用思理以美化天物之谓"，以唯物主义观点阐明了艺术和现实的关系，给美术以科学的定位。五四运动时期，他又在《新青年》上发表文章指出"美术家固然须有精熟的技工，但尤须有进步的思想与高尚的人格。"又说："我们所要求的美术家，是能引路的先觉，不是'公民团'的首领。我们所要求的美术品，是表记中国民族知能最高点的标本，不是水平线以下的思想的平均分数。"（见《随感录四十三》）鲁迅在上海定居后，即组建朝华社，大力介绍欧洲版画灿烂的新作，开办木刻讲习会，全力倡导中国新兴木刻运动，培育英才。他先后自费编印木刻画册10余种，印行近万册，供艺术青年借鉴。在约30篇木刻集序、跋、专论以及写给木刻青年们的200多封信札中，包容着他木刻理论的真知灼见和完整体系。在他的辛勤培育下，我国的木刻队伍由最初的几十人，很快便发展成几百人。与此同时，鲁迅还撰文力倡连环图画和漫画这样一些为人民大众喜闻乐见的画种，使我国艺坛形成了一个以木刻、漫画和连环图画为先锋和主体的革命美术运动。而这一运动在抗日战争和解放战争中更发挥了强大的艺术威力，放射出战斗的艺术光辉，立下了不朽的功劳。大家如果有兴趣的话，不妨翻检一下我国20世纪30、40年代的报刊，几乎所有插图不是木刻，就是漫画，或者是连环图画。事实完全证明了鲁迅当年的论断"当革命时，版画之用最广，虽极匆忙，顷刻能办"；而漫画，则"是表记中国民族知能最高点的标本"；连环图画也"不但可以成为艺术，并且已经坐在'艺术之宫'的里面了"，完全可以"产出密开朗该罗，达文希那样伟大的画手"。正是在鲁迅所推动的新美术运动中，我国才涌现出像李桦、力群、江丰、黄新波、赖少其、古元、彦涵、王琦、罗工柳、黄永玉、赵延年以及华君武、蔡若虹等一大批大师级的美术家。

20世纪，我们说到美术，往往偏重绘画，这恐怕和20世纪战争、运动不断，经济发展受到影响密切相关。其实放眼全球，美术绝不仅仅局限于绘画一隅。鲁迅在他的第一篇美术论著《拟播布美术意见书》中，就指出造型艺术的三大部类是绘画、雕塑和建筑。此外美术尚包括工艺。在新世纪，随着我国经济建设的高度发展和人民生活水平的不断提高，美术覆盖面应当越来越大，在传承基础上的创造应当层出不穷，美术为小康社会的实现和中华民族的伟大复兴应当做出自己更大的贡献。而在这社会转型和美术演进的过程中，鲁迅的美术理论和美术活动，对我们来说依然有着启示和指导的意义。自20世纪80年代以来，我一直关注"鲁迅与中外美术"这一课题，陆续撰写的文章近100篇。现从中选出约20篇，汇集成书。其中的文章，有的曾在报刊发表，如《鲁迅与裸体画艺术》曾发表在1987年香港《明报月刊》第5期；《〈拈花集〉后记》曾发表于1986年人民美术出版社出版的《拈花集》中。此外，还有一些曾在《鲁迅研究月刊》上发表。

目前，读者很讲究趣味，换言之，则是可读性。我想，对于关心和热爱鲁迅、关心和热爱美术的广大读者，拙著较强的学术性、丰富的知识性以及图文对读的生动性，是否也可以说是具有相当的可读性呢？

深深感谢湖南美术出版社黄啸社长和柳刚永副社长同意再版拙著，也深深感谢责任编辑曹昱阳为出版此书而付出的辛劳。

2020 年 10 月 15 日于京师

时年八十四周岁

目　　录

插 图 目 录

鲁迅——中国新兴木刻运动的导师

中国是木版画的故乡和摇篮

中国是木版画的故乡和摇篮，所以鲁迅说："镂像于木，印之素纸，以行远而及众，盖实始于中国。"（见《北平笺谱·序》）

木刻画到底始于何年，已难稽考。现存最古老的中国木刻画，是清末发现于敦煌的《金刚经·祇树给孤独园》说法图（见图1，原件现藏伦敦大英博物馆）。它是唐咸通九年（868年）木刻本《金刚经》中的画页。比之欧洲现存最早的木版画《普洛塔木板》（据考证，它创作于1380年）要早512年。

从这幅《金刚经》画页上，不仅可以窥知我国古典木刻画在唐代已有很高的

图1　祇树给孤独园　佚名

水平，而且可以推知它的产生和发展肯定还要更早，只不过我们如今看不到真迹罢了。

世人对于《祇树给孤独园》刻工之精美、技艺之高超，无不叹为观止。画面上释迦牟尼居中说法，大弟子须菩提双手合十，跪拜聆听，周围环绕站立着护法神和僧众施主 18 人，上部还刻有幡幢、飞天。它结构开阔而典雅，刀法刚劲而娴熟，气氛庄严而肃穆，极具佛画特色，是我国古典木刻画极为珍贵的遗产。

降至五代，木版画仍以佛画为主。与上述《祇树给孤独园》同时发现于敦煌的《大圣毗沙门天王图》等，均可证明。

宋、元四百年间，雕版印刷由佛经、佛图渐次扩展到了医典、历书，量多质高，又渐及经、史、子、集、文选和画谱，几乎无所不雕。或以插图补救文字之不足（如《列女传》），或以图画为主展示全书风格（如《梅花喜神谱》）。正如鲁迅所说："宋人刻本，则由今所见医书佛典，时有图形，或以辨物，或以起信，图史之体具矣。"（见《北平笺谱·序》）

明朝开国，兵戈初定，木版画之作，粗犷豪放。中期之后，大量木版画用作戏曲和小说之插图。大画家仇英、陈洪绶等皆亲自参与图稿之绘制，雕版工亦多子承父业，代代相传，技艺高超，名手辈出，而尤以安徽歙县黄、汪两族，人才济济，所刻神采奕奕，气韵生动。江宁之吴发祥和金陵之胡正言，更创"饾版拱花"之术，在画面凹凸磨压，生成彩色拱起之态，使原本处于书籍插图地位的黑白木刻升华为一种独特的色泽绚丽的艺术，将我国古代木版画推进到一个灿烂辉煌的黄金时代。胡正言刊印的《十竹斋笺谱》，陈洪绶所绘《博古叶子》《水浒叶子》，皆系标志我国古代木版画艺术臻于巅峰的不朽之作。它们的出版，不仅在当时轰动遐迩，人皆争相收藏，就是今日展读，亦觉浓淡相宜，幅幅精彩，疏密有致，宛然在目。而且，这些木版画还传往日本，促成了浮世绘的诞生，为东方水印木刻技法提供了极其丰富的经验。恰如鲁迅所言：木刻"降至明代，为用愈宏，小说传奇，每作出相，或拙如画沙，或细于擘发，亦有画谱，累次套印，文彩绚烂，夺人目睛，是为木刻之盛世"（见《北平笺谱·序》）。

发展到清代，由于统治者崇尚考据训诂之学，重实证而轻美化，木刻艺术渐趋式微。所幸民间盛行的木版年画，倒为版画艺术的发展开辟了新局面。这种年画之作坊，各省均有中心，山西之平阳（今临汾）、河南之朱仙镇、陕西之凤翔、四川之绵阳、福建之泉州等皆是。而影响大、销行广，且独具地域特色者，当推天津之杨柳青和苏州之桃花坞。这种民间木版年画，题材开阔，既涉及国家大事，更反映人民意愿，确乎博得了民众的喜爱，发展成一种广布于村镇、深入万户千家的民俗版画。

清朝末年，西方印刷新技术（包括石印制版、照相制版等）传入我国。这对我国古典木版画和民间木版年画的发展无疑是沉重的一击。

苏州年画画师吴友如、金蟾香等均不得不赴沪作画。他们的作品虽生动有力，振衰于一时，然内政腐败，外患频仍，古典木刻艺术日趋没落。这也恰如鲁迅所言："清尚朴学，兼斥纷华，而此道于是凌替。光绪初，吴友如据点石斋，为小说作绣像，以西法印行，全像之书，颇复腾踊，然绣梓遂愈少，仅在新年花纸与日用信笺中，保其残喘而已。"（见《北平笺谱·序》）

由此可见，到了清末民初，我国古典木刻的发展，已步入了山穷水尽之境地。那么，木刻艺术怎样才能摆脱困境，赢来"柳暗花明又一村"的发展前景呢？这就不能不成为文化界有识之士所关注的一大课题。

新兴木刻是从欧洲移入的画种

欧洲的木刻是受了中国木刻的影响才应运而生的。

13世纪，成吉思汗西征，打开了通向西方的大门。其时，恰逢欧洲十字军东征，东西方文化和经济正面相遇，相互交流，我国的木刻艺术随之传入欧洲。鲁迅在《〈近代木刻选集（一）〉小引》中说："那先驱者，大约是印着极粗的木版图画的纸牌。"此后,欧洲便出现了以木刻制作的扑克、宗教画以及文学作品的插图。

据张奠宇《西方版画史》可知,公认欧洲现存最早的木版画,是一块被称为《普洛塔木板》的残片(图2),作者不详,创作时间在1380年。画面内容系《圣经》中基督受刑的故事,残留的图像是行刑的百夫长和两个士兵,而作为主体的基督,却只有一只手。因为这残片于1898年在法国一个被称为普洛塔家族的印刷世家中发现,故史称《普洛塔木板》。

另一帧现存较早的木版画,是在德国南部发现的,题为《圣·克利斯多夫》,作于1423年,作者不详。画面内容(图3)是圣者克利斯多夫,每天手持棕榈树的拐杖,背贫苦病弱者渡河。一天,基督化为一个孩子,由他背过河时向他显圣。画面下方的两行拉丁文的大意是:"无论何时见了圣·克利斯多夫,他就心明眼亮。"

由张先生专著中介绍的这两帧现存欧洲最早的木刻观之,那时的欧洲木版画,以线为主,素朴古拙,具有浓厚的木版画性质,但尚未形成西方艺术的特色。

图2　普洛塔木板　佚名

图3　圣·克利斯多夫　佚名

图 4　四骑士　丢勒

西方古典木刻的奠基者是德国文艺复兴大师丢勒（1471—1528）和荷尔拜因
（1497—1543）。

丢勒是杰出的油画家，又是杰出的版画家。作为版画家，他先作木版画，铜
版画在欧洲勃兴后，他又很快成了铜版画家。

丢勒生活在欧洲资产阶级的启蒙时代，恰如恩格斯所说："这是一次人类从
来没有经历过的最伟大的、进步的变革，是一个需要巨人而且产生了……巨人的
时代。"（见《马克思恩格斯选集》第 3 卷第 445 页）而丢勒正是这一时代所产
生的巨人之一。他的作品，反映了新人文主义和中世纪教会统治的斗争，具有强
烈的时代感。1498 年，即他 27 岁的那年，完成了木刻组画《启示录》（共 16
幅）。《四骑士》（图 4）便是其中之一：画面中的"征服者"有的手举利剑，

有的手持天平，有的手执三叉戟，他们犹如一股旋风横扫大地，而被践踏的人民或倒地呻吟，或仰天呼号。作品形象地记录了当时欧洲大地战乱频仍、饿殍遍地的情景。丢勒在画稿完成后，总是要求他的刻工完全按画稿摹刻。因而，我们透过这幅作品不难想见作为青年艺术家的丢勒，素描功力是多么深厚，构图才能是如何不凡！他的令人惊叹的成就，将版画艺术推向与油画艺术并驾齐驱的境地，从而确立了木版画在西洋美术史上的地位。

继丢勒之后，将木版画继续推向前进的是荷尔拜因。他的代表作《死神之舞》包含了反教会、反封建的意蕴。不论王公贵族、僧侣豪绅怎样贪生怕死，死神都时刻伴随他们。荷尔拜因的木刻，善用素描式的排线，构图富有讽刺的匠心。鲁迅在论及欧洲木刻的发展时，曾经指出："十六世纪初，是木刻的大家调垒尔（A.Dürer）和荷勒巴因（H.Holbein）出现了，而调垒尔尤有名，后世几乎将他当作木版画的始祖。到十七八世纪，都沿着他们的波流。"（见《〈近代木刻选集（一）〉小引》）

16世纪中叶以后，欧洲铜版画大盛，伦勃朗和戈雅等，均为铜版画之巨匠。木刻艺术独独在隔海相望的英伦三岛尚保留着一片小小的绿洲。因此，欧洲近代创作木刻得以在英国产生。所以，鲁迅又说："木版画之用，单幅而外，是作书籍的插图。然则巧致的铜版图术一兴，这就突然中衰，也正是必然之势。惟英国输入铜版术较晚，还在保存旧法，且视此为义务和光荣。1771年，以初用木口雕刻，即所谓'白线雕版法'而出现的，是毕维克（Th.Bewik）。这新法进入欧洲大陆，又成了木刻复兴的动机。"（见《〈近代木刻选集（一）〉小引》）

毕维克（1753—1828）是欧洲近代木刻的第一人。他用木口木版进行创作，技法细腻，风格独特。其后，以他为代表的英国木刻又反转过来影响了欧洲大陆，所以到了19世纪，木刻画又在欧洲中兴，法国人多雷（Gustave Dore，1832—1883）所作但丁《神曲》和塞万提斯的《堂吉诃德》插图，皆系不朽之作。在他们之后，欧洲版画才进一步开创了画、刻、印合一的新风气，才为创作木刻的发展开拓了前进的道路。自然，在这里需要补述的是，此前的 1796 年，侨居德国的捷克人阿洛伊斯·赛纳菲尔德（Aloys Seneferder 1771—1834）又发明了石版印刷的新技法，传往法国，更促成了石版画的发展，其代表人物当推杜米埃（Honoré Victorin Daumier, 1808—1879），他的作品以讽刺权贵和社会病态见长，在艺术史上被视为不朽的精品。

至 20 世纪初，欧洲版画开创了以木版画为主，铜版、石版齐头并进的局面，同时，在艺术观念上屡屡受到现代派艺术思维的冲击。但另一方面，伴随着无产阶级革命运动的勃兴，版画艺术的功利性获得了前所未有的发挥。德国的珂勒惠支、梅斐尔德，比利时的麦绥莱勒，苏联的法复尔斯基、克拉甫兼珂、亚历克舍夫、毕珂夫等，都堪称欧洲创作版画的大师。而鲁迅，恰是靠了介绍他们的作品，才有力地促进了中国新兴版画艺术的诞生。总体观之，在欧洲，19 世纪中叶以前的版画，是古典版画（又称复制版画），19 世纪中叶之后的，则多系现代版画（又称创作版画）。而在我国，大体说来，民国以前的版画是古典版画，20 世纪 30 年代之后，由鲁迅倡导，由众多青年版画家蜂起响应、借鉴欧洲现代版画而创作的则是现代版画（又称新兴木刻）。古典和现代版画，除了时代和内容的不同外，最显著的区别在于，古典版画无论中外，都是复制的，即制作时，画者一人，刻者又一人，而印者另一人，画、刻、印三者是分工的，是"以刀拟笔"，是依样制作而非创作。画家被尊为画师，刻工和印工便不被看重了。现代版画则不同，它不模仿，不复制，是作者"以刀代笔"创作而成的作品，画、刻、印都由作者一人独立完成。在我国，虽然版画有上千年的历史，但向来是以木版画为主的，包括鲁迅所倡导的新兴版画，也仍然以木刻最多见。因此，"木刻"和"版画"这两个概念，往往是几乎等同的，当我们说及"版画"时，倘不特别指明是铜版或石版，那常常就是"木刻"的意思。

在我国的古典木刻传入西方之初，西方还没有木刻艺术，但是，600 多年后，当木刻重回娘家的时候，它已经发展成一种崭新的艺术了。所以鲁迅说："中国木刻图画，从唐到明，曾经有过很体面的历史。但现在的新的木刻，却和这历史不相干。新的木刻，是受了欧洲的创作木刻的影响的。"（见《〈木刻纪程〉小引》）换句话说，新兴木刻是从欧洲移植来的一个新的画种。

鲁迅为什么要倡导新兴木刻运动

在 20 世纪 30 年代之初，当鲁迅竭力倡导新兴木刻运动的时候，他已是"左翼"文坛的主将，蜚声中外的伟人，有许多很重要的工作需要他去做，精力和时间也越发显得宝贵。况且，他自己又不是美术家，更不是木刻家，为什么要呕心沥血、坚持不懈地来倡导木刻运动呢？

对于这个问题，鲁迅本人曾经多次叙及。在他众多的解释和阐述中，有两句话是最关键的。第一句是：木刻"是正合于现代中国的一种艺术"（见《〈木刻创作法〉序》）。第二句是"当革命时，版画之用最广，虽极匆忙，顷刻能办"（见《〈新俄画选〉小引》）。这并不是两句脱口而出、信手写来的话，而是经过了一番对中外美术运动的历史和现状的认真考察，又结合中国革命的需要得出的结论性的判断。因此，联系鲁迅对中外美术运动的论述和我国革命的需要，来深入理解他的上述论断，就不难洞见他的本意，同时也会深深感到他致力于这一运动，是独具慧眼的，是富有战略眼光的。对于中国的绘画史，鲁迅是很精通的。在他看来，我国绘画艺术的发展，大体可以划分为两个不同的阶段和两种不同的类型。一种是以汉唐艺术为代表的与社会生活息息相关的艺术，另一种是以宋元明清文人画为代表的距离现实生活较远的艺术。鲁迅之所以一再赞扬"汉人石刻，气魄深沉雄大，唐人线画，流动如生"，就是因为它们大抵以故事为题材，比较真实地反映了那个时代的社会生活，具有较高的认识价值和美学价值。但自宋元以降，由于异族的入侵和统治者的高压，逃避现实以自鸣高雅的文人画充斥了画坛。题材是专供统治阶级怡情养性、悦目赏心的山水花鸟，以故事为题材的人物画几乎灭绝，文人画手一味寄情山林，远离现实，对于反映社会生活的画题不敢染指，画风为之一变。鲁迅指出："就绘画而论，六朝以来，就大受印度美术的影响，无所谓国画了；元人的水墨山水，或者可以说是国粹，但这是不必复兴，而且即使复兴起来，也不会发展的。"（见1935年2月4日致李桦信）他又说："我们的绘画，从宋以来就盛行'写意'，两点是眼，不知是长是圆，一画是鸟，不知是鹰是燕，竟尚高简，变成空虚。"（见《记苏联版画展览会》）由此可见，鲁迅虽然并不否认文人画在技法方面"还有可用之点"，但他对这种以山水花鸟为中心题材的文人画，评价是不高的。其根本原因，就在于它距离鼎沸的现实生活，实在是相当遥远。鲁迅甚至不认为这种文人画是国画，因为它既不能真实地反映国人的生活，也不能代表国人的灵魂。一心慕古而不敢创新的画师，自不免将山水花鸟画捧为"国粹"，但在鲁迅看来，"慕古必不免于退婴"。他是不主张"回复故道"的，并断言"不必复兴"它，"即使复兴起来，也不会发展的"。加之，这种"国画"，已经有了近千年的传统，形成了一套讲求笔墨技法的陈规，很少和外国的绘画艺术交流，而"排外则易倾于慕古"，具有很大的保守性。所以，鲁迅不但不去提倡它，甚至在倡导新兴木刻的时候，都竭力抵制着它脱离现实、遁入山林的不良倾向，生怕木刻青年们沾染上这种脱离现实的画风。

从西洋绘画史的发展来看，由文艺复兴时期的达·芬奇至俄国巡回展览画派的列宾，其间数百年的发展路径，就总体而言，是现实主义的艺术占着主导的地位，而尤以油画的成就更加辉煌。但到19世纪末期，随着资本主义制度的日益发展，形形色色的现代画派在欧洲兴起。他们抛弃了现实主义的传统，纷纷提倡线、形的解放，步入了一条背离现实、崇尚怪异的歧路。我们自然不应当对现代画派采取全盘否定、一笔抹杀的态度，因为它们混乱的线、形、色，在一定程度上也反映了艺术家们内心的苦闷和对现存制度的不满，但恰如鲁迅所说，这些画派"尤其致命的是虽属新奇，而为民众所不解"（见《〈新俄画选〉小引》）。其没有出路和前途是毫无疑问的。

油画并非我们的国粹，也没有传统可以师承。它是在海禁大开，尤其是"五四"新文化运动前后，由欧洲移入的画种。且不说培植不易，就是颜料、画布，也为中国的穷青年的购买力所不及。特别值得提出的是，在它移入不久，西方现代派的画风也同时侵入，在这种情形之下，抵制和批判资产阶级反现实主义的潮流固然至关紧要，但是倡导一种更合乎我国国情特点和革命需要的、合乎艺术青年和人民大众要求的艺术，就成了当务之急。

鲁迅对于表现在艺术家们身上的反现实主义的画风，曾给予了尖锐的批判。他在谈及《东方杂志》上发表的《裸女》时，就说过这样的话：看去"当胸有特大之乳房一枚，倘是真的人，如此者是不常见的。盖中国艺术家，一向喜欢介绍欧洲十九世纪末之怪画，一怪，即便于胡为，于是畸形怪相，遂弥漫于画苑"（1934年6月2日致郑振铎信）。他又指出："中国近来其实也没有什么艺术家，号称'艺术家'者，他们的得名，与其说在艺术，倒是在他们的履历和作品的题目——故意题得香艳，漂渺，古怪，雄深。连骗带吓，令人觉得似乎了不得。"（见《一八艺社习作展览会小引》）对于沾染了这类作风的美术青年，鲁迅批评了他们"喜看'未来派'、'立方派'（即'立体派'）作品，而不肯作正正经经的画，刻苦用功"的不良倾向，指出他们那些"人面必歪，脸色多绿"的作品，其实是步入了迷途。

油画固然是一种适于表现现实生活的画种，但它耗费綦昂，制作困难，翻印必得缩小，印刷又易失真，流传不便，局限甚大，而且在传入中国之后并未步入正轨，所以鲁迅当时并不认为它"是正合于现代中国的一种艺术"。

在以革命的眼光，对中外美术运动的历史和现状加以认真的考察，并比较了几种主要绘画品种之后，鲁迅的视线又回到了我国革命的现实需要上。众所周知，当时的人民大众，正在中国共产党领导之下，同帝国主义、封建主义以及国民党反动派进行着一场可歌可泣的战斗，这场空前伟大的革命运动，自然迫切需要为它服务的绘画艺术。这种艺术应当和鲁迅的杂文一样，是战斗的匕首和投枪，"是感应的神经，是攻守的手足"，是能同人民大众"一同杀出一条生存的血路的东西"。这种绘画艺术不是山水花鸟式的"国画"，也不是油画，而是版画。

鲁迅认为，木刻"本来就是大众的"艺术，它尽管也遭到过文人的践踏（例如明清的诗笺就是），远离过大众，但是，欧洲新兴的创作木刻，正可以拿来为我所用，尤其是当时苏联的木刻艺术，正沿着社会主义现实主义的道路前进，并已大放异彩。介绍和借鉴他们的艺术成就，不但可以使木刻青年获得学习的典范，而且可以使人民大众从中窥见革命的前途和祖国的明天。此外，木刻画制作简便，又省耗费，易于流传，很少局限，"不仅容易通俗而普及，而且材料容易办到，即使到了战争的时候，也是可以继续宣传的"。正因为如此，当排外慕古的画手们亦步亦趋地走向传统老路的时候，当资产阶级艺术家引诱青年走上反现实主义歧路的时候，鲁迅以其独具的艺术战略的眼光，看准了新兴木刻艺术具有强大的生命力，倡导它"乃是作者和社会大众的内心的一致要求"，是革命事业和人民革命的迫切需要，大有提倡的必要，也最有发展的前途。这样，他就大声喊出了木刻"回娘家"的战斗口号，为培植和发展这种新的艺术，展开了韧性的战斗。应当说，这就是鲁迅倡导新兴木刻运动的初衷，也是他为了这一运动不惜献出一切力量的因由。

鲁迅是怎样倡导新兴木刻运动的

鲁迅讲过："只要能培一朵花，就不妨做做会朽的腐草。"这饱含伟大献身精神的语言正体现了他"俯首甘为孺子牛"的性格特征。既然培植木刻艺术之花是大众的要求、革命的需要，鲁迅就甘愿为它贡献一切，"做做会朽的腐草"。

如我们所知道的那样，为了给中国新兴木刻运动行奠基之礼，为了推动它不断向前发展，鲁迅展开了紧张的、多方面的战斗，做出了不朽的贡献。诚然，他留给我们的最珍贵的遗产，还是在美术思想和木刻理论方面，本书将另文集中论述。这里先来简述他所做的大量的具体的工作，以体现这位伟大园丁的辛勤努力和韧战精神。

其一，是搜集和编印中外木刻画册，给青年木刻艺徒提供学习和借鉴的范本。

鲁迅曾经把"绍介欧美的新作"和"复印中国的古刻"，比作"中国的新木刻的羽翼"。他的这一见解无疑是非常正确的，这是因为任何一种新的艺术形式，都要对古人和外国人已有的成果加以继承。又因为创作木刻是直接取法于欧洲的，所以介绍欧洲尤其是苏联版画的成就，就显得十分紧迫，格外需要。

从《鲁迅日记》的记载中，我们可以看到：自1927年11月30日，他从内山书店购得日本永瀬义郎所著《给学版画的人》开始，便大量搜集外国版画书刊、画集和名作的原拓。他先后函托在德国留学的徐诗荃，在法国留学的季志仁、陈学昭，在苏联工作的曹靖华、萧三、杨之华，日本友人内山完造、内山嘉吉、山本初枝、长尾景和、山口久吉，美国朋友史沫特莱，苏联的乐芬和寓居苏联的德国人艾丁格尔等广为购置。另外，还通过日本的丸善书店、版画之家、以士帖店和我国的商务印书馆，大量购买。其搜求之勤、花费之巨、所得之富都相当惊人。他给曹靖华写信百封以上，给徐诗荃汇款千元之多，都是为了搜求版画书刊和木刻原拓。

从1929年起，在搜购的同时，鲁迅开始不断地编印外国木刻画集。先后印出的计有《近代木刻选集》两本、《新俄画选》、《士敏土之图》、《一个人的受难》、《引玉集》、《死魂灵一百图》、《凯绥·珂勒惠支版画选集》、《苏联版画集》等9种，印行数千册。中国的古刻，虽然并不是创作木刻，但为了保存艺术史料和供给木刻青年参考，鲁迅同郑振铎合资编印了《北平笺谱》，翻刻了《十竹斋笺谱》。为了更具体地指导青年从事木刻创作，鲁迅还鼓励吴渤（即白危）编译了《木刻创作法》一书，并亲自校阅，亲笔作序。此外，为纪念我国新兴木刻在其萌芽期所走过的艰难的战斗历程，促进青年们技艺的交流，他又亲自动手编印了《木刻纪程》（见图5）。

在编印木刻画集的整个过程中，鲁迅时时处处都在为青年艺徒们着想。他说

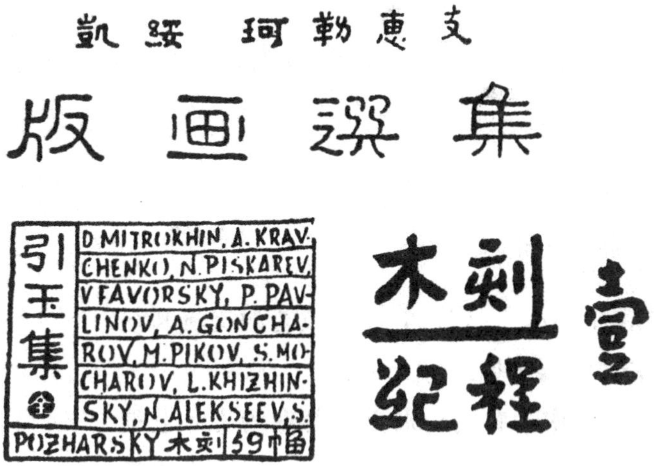

凯绥 珂勒惠支

版画选集

引玉集

D.MITROKHIN, A.KRAV-
CHENKO, N.PISKAREV,
V.FAVORSKY, P.PAV-
LINOV, A.GONCHA-
ROV, M.PIKOV, S.MO-
CHAROV, L.KHIZHIN-
SKY, N.ALEKSEEV, S.
POZHARSKY 木刻59帧

木刻
纪程 壹

图5 鲁迅设计
的版画集封面

过："凡是为中国大众工作的，倘我力所能及，我总希望（并非为了个人）能够略有帮助。这是我常常自己印书的原因。"（见1936年8月2日致曹白信）因此，他所辑印的木刻画册，都尽力做到开本大、纸张好、印工精、装帧美、定价廉。编选、写序跋自然是非他动手不可，就连配页、编号、撰写广告，也常常是事必躬亲，直到把一本本精美的画册交到读者的手中，方肯罢休。

鲁迅所编印的这些画册，在我国新兴木刻史上，确实产生了广泛而深刻的影响。1932年夏，当酷爱艺术的罗清桢在前进的途中苦闷彷徨的时候，得知陈铁耕有一本鲁迅赠送的《士敏土之图》，便即刻头顶烈日，跋涉20公里，专程去拜览。他认真读完了书前鲁迅撰写的序言、观赏了画集所展现的苏联人民建设新生活的情景后，愁云顿消，思绪豁然，仿佛看到了光明的未来，也找到了战斗的利器，当即全身心地投入了木刻创作，很快便在鲁迅的亲切关怀下，成长为一个颇有成就的木刻家。著名木刻家刘岘写道："三十年代，鲁迅先生介绍了许多外国木刻作品，对我个人来说，影响最大的是英国的达格力秀和苏联的法复尔斯基。"（《我怎样刻起木刻来的》，见《版画艺术》第五期）由此可见，这些画集，确实是哺育我国木刻青年的精神食粮，而从中得益的青年，又何止万千。

其二，是不断举办木刻展览，扩大艺术青年的视野，提高他们的鉴赏水平和艺术技巧，有力地推动木刻运动向前发展。

木刻青年们因为没有师资，缺少指引，创作起来每每急于求成，不重技巧。针对这种粗浮的作风，鲁迅一再告诫："要技艺进步，看本国人的作品是不行的，因为他们自己还很有缺点；必须看外国名家之作。"（1934 年 12 月 18 日致金肇野信）青年们也常常大刻一阵，赶制一些作品，便不加选择地送去展览或出版专集。对于这种毛病，鲁迅毫不客气地予以批评。他说："我曾经看过 M.K. 社的展览会，新近又见了无名木刻社的《木刻集》……觉得有一种共通的毛病，就是并非因为有了木刻，所以来开会，出书，倒是因为要开会，出书，所以赶紧大家来刻木刻，所以草率，幼稚的作品，也难免都拿来充数。非有耐心，是克服不了这缺点的。"（1934 年 4 月 19 日致陈烟桥信）为了帮助大家克服这种缺点，鲁迅在大量翻印外国名作的同时，又多方设法，筹办了多次外国木刻展览。他认为："开这种作品的展览会，比开本国作品的展览会要紧。"他先后举办的有"西洋木刻展览会"（1930 年 10 月）、"法俄书籍插画展览会"（1933 年 12 月）等，并每每自带一批画册，到会场为青年们讲解。为了使年轻的木刻艺术走向世界，进行国际文化交流，以便听取外国朋友的批评指导，鲁迅还曾征集和选择了一批中国木刻作品，参加了在巴黎举行的"革命的中国之新艺术"展览会（见图 6），且注意搜集反映，鼓励创作。

鲁迅重视外国作品的展览，同时也努力支持本国作品的展出。"全国木刻联合展览会"在北京开幕的前夕，他将自己历年收藏的中国木刻，严选 32 幅，寄送展出。现代版画会主持的"第二回全国木刻流动展览会"在上海闭幕的那天，鲁迅扶病往观，和木刻青年们开怀畅叙，奖掖新作，批评缺点，鼓励前进，寄以厚望。不仅如此，他还常常在展览会上，慨然解囊，捐银相助，表现了对新兴木刻运动的深切关怀。鲁迅亲自主办的木刻展览，受到了木刻青年和爱好者的热烈欢迎，激励了大家的创作热情；他所支持的、由木刻青年们自办的许多木刻展，一面交流了技艺，一面也吸引了成千上万的观众，成了新兴木刻运动联系广大群

图6 "革命的中国之新艺术"展览会说明书封面

众的纽带。这些展览将普及和提高结合起来,犹如新兴木刻运动的播种机和宣传队,对于木刻艺术的提高和发展,起着巨大的推动作用,其影响是深远的,意义是重大的。

其三,是团结木刻青年,支持木刻社团,组织木刻队伍,培养木刻人才。

鲁迅向来重视人才的培养,他说:"我们应当造出大群的新的战士。"文学运动如此,木刻运动也一样。因为要向艺术的深度和广度进军,没有一支坚实的壮观的队伍是不可能的。为此,他翻译了卢那察尔斯基的《艺术论》《文艺与批评》,苏俄《文艺政策》和普列汉诺夫的《论艺术》,力图从文艺理论和文艺思想上给青年们以正确的引导;他撰写了《论"旧形式的采用"》《连环图画琐谈》《论翻印木刻》等论文和许多木刻画集的序跋,为木刻艺术开拓前进的道路,鼓舞斗志,指导创作;他自办木刻讲习会,集中培训人才,并和数十名木刻青年、十多个木刻社团保持着紧密的联系,或亲切交谈,或信函往返,表扬批评,不留情面,表现了导师的赤诚和严厉。

团结青年、培养人才的途径和形式是多种多样的,不过鲁迅对木刻社团的活动和作用更为重视和关注。最初,"一八艺社"从为艺术而艺术的狭小天地冲杀出来，走向街头，反映劳苦群众的生活，便格外受到鲁迅的器重。接着，他又在1931年以主办木刻讲习会的创举，揭开了我国木刻运动的序幕。由于导师的倡导，现代木刻研究会、M.K.木刻研究会、春地画会、上海木刻研究会、野风画会、野穗木刻社、无名木刻社等社团，像雨后春笋般地涌现了，以上海为中心的木刻运动呈现出了令人欣喜的局面。不过，因为新兴木刻运动是党所领导的以鲁迅为旗手的左翼文艺运动的一个组成部分，青年们画着工人、红旗的作品，很快便招致那在真理的每一点火星面前都要发抖的白色政府的仇视，压迫也就跟踪而来。不久，所有研究版画的团体都遭封闭，不少成员被捕入狱，鲁迅组织木刻队伍的努力，暂时遭受了挫折。在白色恐怖的重压下，鲁迅一面在书信中继续鼓励星散在各地的木刻青年坚持战斗、坚持创作，一面放眼全国，关注着大江南北木刻运动的发展。1934年底，当他得悉广州现代版画会的活动后，在写给李桦的信中，又一次谈到了组织队伍的问题。他指出"木刻运动，当然应有一个大组织"，并期望现代版画会"成为支柱和发展版画之中心"。与此同时，他又给平津木刻研究会的活动以尽可能的支持。他本来盼望能由"全国木刻联合展览会"的成功"产生一个团体"来进一步推动全国范围的木刻运动向纵深发展，但是由于敌人的破坏，终未能如愿。

鲁迅生前，尽管没有条件和可能组织一个全国性的宏大壮观的木刻团体，但由于他坚韧的努力和辛勤的培育，我国的木刻队伍，在1936年已由5年前的十几人发展到几百人，增长了10多倍。北京、广州、上海、济南、太原、香港等全国大中城市，几乎都出现了木刻研究会的组织，一支年轻的、革命的艺术力量，已在斗争中崛起。这是一支具有鲁迅式的战斗风格的队伍，它将为推动新兴木刻运动和发展中华民族的新艺术而继续奋斗。鲁迅是我国新兴木刻运动的开山祖。他在晚年，花费了很大一部分精力和时间倡导这一艺术运动。大量介绍欧洲木刻的是他，整理我国古代木刻遗产的是他，扶植新兴木刻社团的是他，指导木刻青年创作的是他，创立木刻理论的也是他。他是我国木刻界一致公认的导师。

鲁 迅 版 画 理 论 述 要

鲁迅是现代革命文艺理论的奠基人，也是中国现代版画理论的奠基者。诚然，他没有关于版画理论的鸿篇巨制，但在他写给数十位青年木刻家的数百封信函中，在他为各种木刻图册撰写的序跋中，在他许多论及木刻的短文中，却对木刻艺术发表了许多富有理论性和指导性的真知灼见。应当看到，木刻仅仅是文艺的一个分支，鲁迅丰富的文艺思想和精湛的美学观点，广义地说也适用于木刻艺术。不过，限于篇幅，我们不准备过多地援引他有关文艺和美学的论述，来系统地构筑他木刻理论的体系，而主要是从狭义的视角，即择取那些专论美术和木刻的见解，来梳理他木刻理论的要点，阐明他对木刻理论的卓越贡献。

鲁迅版画理论的要点，概括说来主要是以下五个方面，即版画为大众、以人物为中心、技巧要过硬、遗产要继承、追求民族性。现分述如下：

一、版画为大众

依据人民大众的要求，依据中国革命的需要，鲁迅从艺术的功利原则出发，对中国新兴版画运动的宗旨提出了一些要求。概括说来，最根本的是下面两点：

第一，版画是大众的。

第二，版画是战斗的。

自从社会分化为阶级社会以来，所谓"为人类而艺术"，便是一种欺骗。所以鲁迅说："现在有自以为大有见识的人，在说'为人类的艺术'。然而这样的艺术，在现在的社会里，是断断没有的。"（见《一八艺社习作展览会小引》）

当然，中外美术史上也确有许多美术品存留，但那大抵都是消费者的艺术，是统治者宠爱的艺术。既有消费者，必有生产者；既有消费者的艺术，也会有生产者的艺术，但因无人保护，所存也就寥寥。不过，流行在民间的，大都是复制的木刻画和小说插图，以及年画和连环图画，都是和消费者的艺术相对立的。因之鲁迅在谈及我国古代的木刻时就曾指出："它本来就是大众的，也就是'俗'的。"（见《〈全国木刻联合展览会专辑〉》序）

在欧洲，创作版画的勃兴，也是和沙龙艺术相对峙的。它不是"为艺术而艺术"，乃是"为大众而艺术"。罗曼·罗兰在评价珂勒惠支的版画时说，她的作品"是现代德国最伟大的诗歌，它照出了穷人与平民的困苦和悲痛"。鲁迅之所以要介绍珂勒惠支的作品到中国，也是因为她的艺术"为一切被侮辱和损害者悲哀，抗议，愤怒，斗争；所取的题材大抵是困苦，饥饿，流离，疾病，死亡，然而也有呼号，挣扎，联合和奋起"（见《〈凯绥·珂勒惠支版画选集〉序目》），可以使中国人民和艺术青年从中"看见了别一种人，虽然并非英雄，却可以亲近，同情，而且愈看，也愈觉得美，愈觉得有动人之力"（见《写于深夜里》）。同样，鲁迅介绍苏联版画，也是因为他依据报道，"以为惟新兴的无产者才有将来"（见《二心集》序言），并且从这些版画中看见了"工人住宅""集体农庄"，以及"几万万的群众自己做了支配自己命运的人"（见林克多《〈苏联闻见录〉序》）。

当历史发展到 20 世纪 30 年代，当中国人民步入民族民主革命斗争的时刻，艺术为大众，已成为时代的需求和艺术家不可推卸的社会职责。所以，鲁迅不仅把木刻称作"好的大众的艺术"，而且主张把版画艺术用作推动革命事业胜利前进的工具，即是说：版画既是大众的艺术，也是战斗的艺术。

说到"工具""战斗"，说到"为革命事业服务"，在现今或许会被一部分人认为"陈词老调"，或者是"僵化保守"的。但是，不管理论家们怎样玩弄辞藻，如何千方百计、煞费苦心地想回避躲闪，一个基本的命题已为文艺发展的大量史实证实：文艺是无法超越政治的。假使我们不是简单地把文艺视为政治概念和政策条文的图解，假使我们不是机械地理解为文艺都必须具备政治内容，假使我们不是急功近利地把文艺为政治、为革命服务理解为必须写中心、画中心、演中心、唱中心，而是理解为文艺的命运总是直接或间接地与政治相关，那就是正确的。文艺，包括版画，作为现实生活的一面积极的镜子，既可以反映军事斗争，也可以反映经济斗争和文化斗争，还可以描绘自然景观，怡悦性情。如果现实生活的斗争形式，已经发展到政治斗争乃至军事斗争的尖锐形态，人民大众已经陷入被压迫、被侵略的境地，并为摆脱困境而掀起了民族民主斗争，艺术家们难道可以袖手旁观、隔岸观火吗？艺术难道不也应当为大众、为革命服务吗？鲁迅所要求于美术家的，是要他们做"引路的先觉"，他们"固然须有精熟的技工，但尤须有进步的思想与高尚的人格"，他们的作品，"令我们看了，不但欢喜赏玩，尤能发生感动，造成精神上的影响"（见《随感录四十三》）。他们的作品，还应当"针砭社会的痼疾"，"指出确当的方向，引导社会"（见《随感录四十六》）前进。数十年来，我国版画家们遵从导师"版画为大众""版画为革命"的遗教，走出了一条战斗的道路，形成了一种战斗的传统，产生了无数优秀的作品，谱写了中国艺术史上前所未有的光辉灿烂的篇章。这是我国美术界的光荣，也是艺术为大众的美学思想的伟大胜利。然而，在现今，我们也不难听到某些议论。他们说：鲁迅的美术思想太左了，片面强调"为大众"云云。这些人如果不是忘了当时的时代使命，便是想抛弃版画的战斗传统。

二、以人物为中心

版画既然是为人民大众的，它的题材自然也就应当以人物为中心，而且是以人民大众的生活和斗争为中心。这就进一步涉及版画的题材问题了。

鲁迅在讲到文艺题材的时候，曾经发表过"选材要严、开掘要深"的精辟之见。既然存在着"选材"的问题，也就说明不同的题材蕴含着不同的思想意义和审美价值。一般说来，反映人民斗争生活的重大题材，往往比反映个人日常生活琐事的题材，较易富有社会容量和思想内涵。鲁迅赞扬汉代石刻画像而批评宋明山水花鸟，就因为前者以人物为中心，所选的题材比较能够反映当时社会的真实，而后者却人迹罕至，远离现实。因此，当他倡导中国新兴木刻运动的时候，便从木刻题材的角度出发，发出了"中国自然最需要刻人物或故事"（见 1935 年 6 月 16 日致李桦信）的号召。这就是说，要把中国人民反帝、反封建的斗争生活，作为木刻艺术的表现轴心，并以此来照见"现代社会的魂魄"，这是时代赋予木刻家们的义不容辞的光荣职责，也是木刻艺术生机勃勃、健康发展的必然需求。

题材本身固然有其潜在的价值，但是这种价值并不是绝对的，要将它转化为艺术内容的现实性，还必须取决于艺术家自身的思想水平、生活经验和艺术素养。鲁迅说："如果是战斗的无产者，只要所写的是可以成为艺术品的东西，那就无论他所描写的是什么事情，所使用的是什么材料，对于现代以及将来一定是有贡献的意义的。"（见《关于小说题材的通信》）可见，对于艺术创作具有意义的并不全然是题材，而主要是作者本身要具有多方面的修养。

鲁迅看重题材的意义，希望版画创作多刻人物和故事，这是事情的一面。另一方面，在他写给木刻青年们的信中，却又常常劝他们多刻静物、多刻风景、多刻小品、多刻一些无关紧要的题材和日常所见的社会现象。他在写给李桦的信中就说："《现代版画》的缺点……是题材的范围太狭。譬如静物，现在有些作家也反对的，但其实是那'物'就大可以变革。枪刀锄斧，都可以作静物刻，草根树皮，也可以作静物刻，则神采就和古之静物，大不相同了。"（见 1935 年 6 月 16 日致李桦信）从人物和故事到草根和树皮，鲁迅对木刻艺术题材范围的界定是极为宽广的，甚至是无所不包的。那么，鲁迅为什么又要力劝青年木刻家们去刻风景、静物和小品，而不去鼓励他们多刻人物和故事呢？莫非静物、风景和小品就足以表现"现代社会的魂魄"吗？当然不是这样。这是因为那时的木刻家大都思想激进，斗志昂奋，他们不屑于去刻静物、风景，而往往倒是要表现罢工、暴动，选取重大的题材，表现人民的斗争。可是，由于普遍欠缺艺术基础训练，对于工农生活既不熟悉，观察理解也不深入，作品往往失败。再者，也因为选取了革命的题材倒反而暴露了自己，招致白色恐怖的摧残和压迫。因此，鲁迅指出：为了木刻的存在，"内容不妨避忌一点，而用了不关大紧要题材先将技术磨练起来。所以我是主张也刻风景和极平常的社会现象的"（见1935年1月18日致段干青信），否则便是"自杀政策"。另外，也因为那时的木刻青年全部处于国民党的反动统治之下，他们没有深入生活、深入工农的自由，虽然他们以为应该表现国民的艰苦、国民的战斗，但鲁迅却告诫他们："如自己并不在这样的漩涡中，实在无法表现，假使以意为之，那就决不能真切，深刻，也就不成为艺术。"（见1935年2月4日致李桦信）由此可见，鲁迅当时所说的木刻题材"还应取得广大"，以及他主张多刻静物、风景、小品等等，其用意一方面是为了磨炼技术，回避镇压，一方面也是为了避免闭门造车、以意为之的空想之作出现，而绝不是说那些无关紧要的题材比以大众为中心的重大题材更加重要，或者是将他们等量齐观。

三、技巧要过硬

1935年，鲁迅在写给李桦的信中说："中国自然最需要刻人物或故事，但我看木刻成绩，这一门却最坏，这就因为蔑视技术，缺少基础工夫之故，这样下去，木刻的发展倒要受害的。"（见1935年6月16日致李桦信）他在同一封信中又说："木刻是一种作某用（意即宣传，笔者注）的工具，是不错的，但万不要忘记它是艺术。它之所以是工具，就因为它是艺术的缘故。斧是木匠的工具，但也要它锋利，如果不锋利，则斧形虽存，即非工具，但有人仍称之为斧，看作工具，那是因为他自己并非木匠，不知作工之故。"可见，版画要表现大众，版画家就必须技术过硬。

一切事物都存在着两个既相互对立又相互统一的侧面，美术创作当然不能例外。版画艺术的两个侧面，应是技术（素描）和创作。所谓技术精熟，主要是素描的基础要扎实，基本功要深厚，所谓"万不要忘记它是艺术"，就不仅要求艺术家的素描功力好，而且要求他们能够掌握美术创作的规律，诸如构思和构图的规律，形象刻画和情节安排的规律，以及运用艺术联想、进行艺术概括、追求艺术意境、表现主题的规律等等。

素描速写是一切绘画艺术的入门和造型的基础。它借助单色线条的组合和明暗关系来表现客观的物象和人体。杰出的素描作品，可以具有独立的艺术价值，甚至使素描升华为造型艺术中的一个画种，但对诸多画种来说，素描却是不可缺乏的基本功。一般说来，素描功夫并不能简单地等同于创作能力，但假使缺乏这种功力，艺术创作便不能得心应手、挥洒自如。我们中国的绘画艺术，尽管有其悠久的历史，但却缺乏注重素描的传统。试看一些名家的作品，一到画房舍、画桌椅、画人物，如果严加挑剔，就不免在透视和人体解剖方面露出瑕疵。在当时，许多木刻青年大都缺乏素描造型的基本训练，有的甚至根本就没有进过美术学校，所以，他们画比较简单的物象和静态的人体，还可以说得过去，一到复杂的场面和动态的人物，就不免捉襟见肘，显出了造型基础的薄弱。针对这种现状，鲁迅一再强调："木刻的根柢也仍是素描，所以倘若线条和明暗没有十分把握，木刻也刻不好。"（见 1934 年 12 月 18 日致金肇野信）"至于人物，则一者因为基本练习不够（如素描及人体解剖之类），因此往往不像真或不生动，二者还是为了和他们的生活离开，不明底细。试看凡有木刻的人物，即使是群像，也都是极简单的，就为此。要救这缺点，我看一是要练习素描，二是要随时观察一切。"（见 1935 年 1 月 18 日致段干青信）

真实是艺术的生命。革命现实主义的版画艺术所要求的真，包含着两层意思。其一，是说木刻创作必须真实地描绘客体。其二，是在表现客体真实的同时，还要注入作家的真挚的感情。不过倘若连真实地表现客观对象的要求都做不到，表现真挚的感情，就更加难以胜任。这便是那时许多木刻作品在艺术上还比较粗糙、比较幼稚的原因，同时，也是鲁迅严厉批评某些青年画家好大喜功，"喜看'未来派''立方派'作品，而不肯作正正经经的画，刻苦用功"的原因。他又说，这样的艺术青年就如同顽童一样，"是只能翻筋斗而不能跨正步"（见1934年4月12日致姚克信），在艺术上，前途是可虑的。

四、遗产要继承

鲁迅说过："新的艺术，没有一种是无根无蒂，突然发生的，总承受着先前的遗产。"艺术方面对前人遗产批判继承、推陈出新的事例，是屡见不鲜的。中国和日本的绘画进入欧洲，被人采取，方有印象派的发生。欧洲创作版画的介绍，酿成了中国新兴木刻运动的勃兴。但凡稍稍熟悉艺术史的，这样的事例是不胜枚举的。自然，"这些采取，并非断片的古董的杂陈，必须溶化于新作品中，那是不必赘说的事，恰如吃用牛羊，弃去蹄毛，留其精粹，以滋养及发达新的生体，决不因此就会'类乎'牛羊的"（见《论"旧形式的采用"》）。艺术贵在创新，对先前艺术遗产批判地继承和借鉴，也是为了创新。正如鲁迅所说："旧形式是采取，必有所删除，既有删除，必有所增益，这结果是新形式的出现，也就是变革。"（见《论"旧形式的采用"》鲁迅对中国新兴木刻的创新，作过种种思索。他说："采用外国的良规，加以发挥，使我们的作品更加丰满是一条路；择取中国的遗产，融合新机，使将来的作品别开生面也是一条路。"（见《〈木刻纪程〉小引》）这虽然仅是两句简短的话，但却反映了鲁迅广阔的艺术视野，即他是主张调动中外艺术史上一切有用的东西来为年轻的中国新兴木刻艺术开拓创新之路的。在前一条路中，鲁迅侧重指出要"采用外国的良规"，换句话说也就是要"研究欧洲名家的作品"，从中吸取营养。梅斐尔德的作品"气象雄伟"，富于"粗豪和组织的力量"；克拉甫兼珂的作品"注意于背景和细致的表现"；麦绥莱勒木刻强烈的黑白对比以及欧洲名家在技术方面注重素描功力和人体美术解剖，在构图方面讲究远近透视，在刀法和画法方面注意明暗层次等等，均属"良规"，均应借鉴。但是借鉴不是模仿，更不是抄袭，所以还必须"加以发挥"，加以创造，才能"使我们的作品更加丰富"。在后一条道路中，鲁迅侧重强调"择取中国的遗产"，但也要"融合新机"，即融入"外国的良规"，从而使我们的新作别开生面。那么，择取哪些遗产呢？鲁迅说："我想，唐以前的真迹，我们无从目睹了，但还能知道大抵以故事为题材，这是可以取法的；在唐，可取佛画的灿烂，线画的空实和明快，宋的院画，萎靡柔媚之处当舍，周密不苟之处是可取的……后来的写意画（文人画）有无用处，我此刻不敢确说，恐怕也许还有可用之点的罢。"（见《论"旧形式的采用"》）这是从美术的大范围讲的，但也包括版画在内是不消说的。在具体讲到版画这个范围的时候，鲁迅指出："倘参酌汉代的石刻画像，明清的书籍插画，并且留心民间所赏玩的所谓'年画'，和欧洲的新法融合起来，许能够创出一种更好的版画。"（见1935年2月4日致李桦信）

当然，鲁迅也看到问题的另一面，即"古文化之裨助者后来，也束缚着后来"。遗产的借鉴和继承，有益于创新，但创新又必须突破遗产的束缚，否则便极易落入旧的巢穴，落入对于古人和外国人的依傍和模仿的艺术教条主义之中。因而，有出息的艺术家，不仅应当是艺术遗产的继承者，而且也是新艺术的开拓者和建设者。

五、追求民族性

民族特色、地方特色是增加艺术不同风格和不同美感的重要因素，也是鲁迅版画理论中非常重要的一个组成部分。

鲁迅曾经高度评价了陶元庆的绘画，赞扬他的可贵之处，是能"和世界的时代思潮合流，而又并未梏亡中国的民族性"（见《当陶元庆君的绘画展览时——我所要说的几句话》）。在向绘画艺术要求保留民族特色的时候，他又要求艺术家注意地方特色。他说"艺术上是要地方色彩的"（见1933年12月19日致何白涛信），"地方色彩，也能增加画的美和力"（见1933年12月26日致罗清桢信）。在评论李桦和陶元庆的作品时，他还提出了中国艺术应当具有"东方的美"和"东方情调"。这些概念，如果细加推敲，虽然也有概括面大小之分，但总的精神，是强调版画艺术要有鲜明的民族特色。

按照鲁迅的论述，具有民族特色，首先是要坚持现实主义的艺术方法，"竭力使人物显出中国人的特点来，使观者一看便知道这是中国人和中国事"（见1933年12月19日致何白涛信）。其次是要表现中国的地方特色。他说："现在的世界，环境不同，艺术上也必须有地方色彩，庶不至于千篇一律。"（见1934年1月8日致何白涛信）尤其重要的是："有地方色彩的，倒容易成为世界的，即为别国所注意。"（见1934年4月19日致陈烟桥信）按照辩证唯物主义的法则，矛盾的特殊性决定事物的本质，艺术也只有具有本民族的特殊性，才不至于落入一般化、类同化的境地，才能以自身的特点步入世界艺术之林，具有世界性。民族性和世界性的关系，实际上是一般性和特殊性、共性和个性的关系。所谓共性，实际上是个性中的共性，或者说共性存在于个性之中。艺术的世界性当然也存在于艺术的民族性之中。离开民族性的世界性，是一种抽象的空洞的世界性，而如果在艺术上只有这种抽象观念的世界性那就等于取消世界性。与此相反，富有民族特色的世界性，才是具体可感的世界性、生动活泼的世界性，而愈是富有民族个性和地域特色的艺术，才愈是富有世界意义的艺术。因此，鲁迅认为在东方地域特色和气氛中，表现东方人的独特形象和性格，乃是创造东方情调、创造版画艺术民族风格和民族气派的焦点之所在，也是中国新兴版画艺术走向世界，并且立于不败之地的关键所在。但是，也有人并不同意鲁迅的看法。例如，有人就说："我不同意越有民族性就越有世界性。"为什么呢？因为"许多民族的民间的东西不一定有世界性。不要夜郎自大，老以为中国有伟大、灿烂的文化。我们与世界先进的人类是一个大的队伍，难道我们还能缠着小脚，拖着辫子在世界文化行列中一扭一摆地走吗？"（见《中国美术报》1988年第28期）显然，这些理由是不能成立的。世界性假使不存在于民族性、民间性之中，它又存在于何处呢？至于因为有"灿烂的文化"而夜郎自大，和因为缠过小脚、拖过辫子而自轻自贱，则全然和艺术要不要追求民族性，越有民族性是否就越有世界性的问题无关。因此，到底是愈具有民族特色，艺术便愈有世界性，还是愈有民族性反而愈没有世界性，也就不说自明了。

鲁迅还认为创造民族风格，要同时研究中国人的审美特色和审美习惯。他说："中国画是一向没有阴影的，我所遇见的农民，十之九不赞成西洋画及照相，他们说：人脸那有两边颜色不同的呢？西洋人的看画，是观者作为站在一定之处的，但中国的观者，却向不站在定点上，所以他说的话也是真实。"（见《连环图画琐谈》）是的，中国的画家向来讲究的是笔墨、神似、线条和色彩，对于明暗、透视往往不大经意，他们作画也往往是多点观察，否则《江山无尽图》、《万里长江图》等长卷也难以完成。即使作单幅小画，视点不拘泥于一处的，也并不罕见。这种审美习惯来自大众又影响着大众，久而久之，就形成了一种特定的审美特色，而将它引入版画，则可在构图上呈现一种和西洋画不同的特殊效果，进而使作品显示出一种民族化的表征，显现出"东方情调"和"东方的美"来。

鲁迅的版画理论，在推动中国现代版画沿着革命现实主义的艺术道路，吸取欧美版画之所长，继承祖国版画的优秀传统，创立自身独特的民族风格和民族气派方面，有着巨大的指导意义。新兴木刻艺术，在其萌芽时期，还较多地受着欧洲版画的影响，缺乏独特的民族风格，但也正因为如此，鲁迅的指示才更富有深远的历史意义。历史当然不会倒退，历史的发展也不是简单的循环，但在它曲折发展的进程中，某些后来出现的现象和争论，却令人感到和先前有着惊人的相似之处，而且这种情形，在艺术史上也是屡见不鲜的。在版画艺术领域，早在20世纪30年代就为鲁迅所批评过的一些观点，到20世纪80年代又再度出现；在理论上早已由鲁迅给以正确解决的一些问题，又重新提出，再度论争。这说明：学习和研讨鲁迅的版画理论，对于版画艺术家，特别是青年版画家来说，依然是一项迫切的任务。

鲁迅和现代派绘画艺术
——兼论20世纪80年代现代派艺术的中兴

恰如汽车司机手中的方向盘那样，时而向右偏，时而朝左拐，忽而又转向右面去了……我国艺坛之于现代派绘画艺术，似乎亦如此。

19世纪末，在欧洲美术史上，出现了现代派绘画艺术。在短短的几十年间，思潮扩散、流派蜂起，其影响波及整个世界。这些流派有表现派、未来派、野兽派、立方派、达达派、构成派、抽象派以及超现实主义派等等。他们的艺术主张不尽相同，有的甚至互相矛盾，但其共同特征是：否定传统艺术的表现法则，强调在艺术创作中表现或发泄主观心灵的感受；否定内容对形式的决定作用，不断追求新奇怪诞的艺术形式。这些艺术流派，在美术史上被称为"现代派"或"现代主义"。

现代派绘画艺术，在20世纪30年代，亦曾波及我国。稍后，还出现过决澜社、中华独立美协等现代艺术团体。但是，正如鲁迅所说："（那时的一些美术青年）喜看'未来派''立方派'作品，而不肯作正正经经的画，刻苦用功。人面必歪，脸色多绿，然不能作一不歪之人面，所以其实是能作大幅油画，却不能作'末技'之插画的，譬之孩子，就是只能翻筋斗而不能跨正步。"（见1934年4月12日致姚克信）不过在那时，现代派绘画之影响也仅是波及而已，并未形成狂涛巨浪，席卷艺坛。当时，我们既缺乏翻译家来译介现代派的绘画理论，又缺乏美术理论家去认真地研究现代派的艺术实践，所以鲁迅不无感叹地指出："欧洲的文艺史

潮"几乎同时"孪生了开张和倒闭"，"在中国毫未开演，而又像已经——演过了"。（见《〈奔流〉编校后记》）

粉碎"四人帮"之后，党的对外开放的正确决策，终结了我们与世隔绝的闭塞状态。随着对外交往的日益频繁，文化交流也愈加广泛起来。这就为我们踏实地占有资料、认真地研究西方美术诸流派及其代表人物，并对他们做出实事求是的、一分为二的科学评价提供了从未有过的良好条件。我们的美术理论界正在这样做，我们的艺坛已经呈现出思想活跃的局面，这是十分可喜的现象。

现代派绘画艺术本来是应当一分为二的。但是，因为先前将它骂得一文不值，而且不准有人认为还值一文，所以当条件变化之后，就会有人觉得其价值何止一文，简直是价值连城。现在，一批美术青年就正是这样。他们全力倡导现代派绘画艺术，已经表现出一种反传统、反现实主义的艺术观念和艺术实践。比如，生活是艺术的源泉，这一命题虽然也不应当将它理解得绝对化，但它并未过时，从根本上来说也没有错误。但他们却认为"大脑思维也是现实"，艺术创作可以"从精神世界中选取素材"，否则，便是"对艺术源于现实生活的片面理解"。（见《中国美术报》总第2期）又如：艺术是通过塑造形象具体地反映现实生活，同时也表现思想感情的一种社会意识形态。他们却说"艺术没有明确的界限"，甚至反问道："波提切利描绘春天而马塞尔·杜尚把小便池送进博物馆。钢琴家把爱倾注在键盘上而有人却从把钢琴砸碎中寻找自我，这有什么区别呢？"（见《中国美术报》总第41期）绘画艺术应当让人理解、教人能懂。他们却认为："面对绘画，没有'懂'这个字。"（见《中国美术报》总第19期）试问如果我们的绘画艺术按照这样的路径发展下去，又将如何为人民服务、为社会主义服务呢？

看来，当今的许多美术青年，思想虽然解放，但在探索中也显出了混乱。他们不仅缺乏正确的哲学思想和美学思想的修养，而且对于现代派绘画艺术，也缺乏一分为二全面正确的认识，有的则更对它一片深情，陶醉其中。

在这种情形下，重温鲁迅对现代派绘画的论述，学习鲁迅一要"拿来"，二要"挑选"，三要建设和发展新文艺的科学态度，就绝非画蛇添足之举，而是一件十分有益的事情了。

一、"拿来"

对于西方的文化艺术，鲁迅一向是一个伟大的"拿来主义"者。他说过："没有拿来的，人不能自成为新人，没有拿来的，文艺不能自成为新文艺。"因此，他主张："首先是不管三七二十一，'拿来'！"（见《拿来主义》）

鲁迅的文艺遗产，几乎都是中西文化交流的结晶。他不但是"古为今用"的典范，而且是"洋为中用"的楷模。鲁迅文艺实践的主要活动时期，是在第一次世界大战之后的 20 年间。这 20 年也正是西方现代派艺术勃兴并发生广泛影响的时期。作为中国一代文化巨人的鲁迅，不可能不对西方现代派艺术作出自己的反应，我们从他的译著和书信中，也不难看到这种反应，看到他对现代派艺术的论述。文学方面是如此，美术方面也同样。

1913 年，鲁迅在《拟播布美术意见书》一文中说："重碧大赤，陆离斑驳，以其戟刺，夺人目睛，艳矣，而非必为美术，此尤不可不辨者也。"据我看来，这便是鲁迅针对西方现代派美术的扩散，对国人的一种提醒。不过，正像鲁迅所说："中国文艺界上可怕的现象，是在尽先输入名词，而并不绍介这名词的涵义。"（见《扁》）所以，当时大家对表现主义、未来主义等等，并不知道是怎么一回事。

1927 年，鲁迅为改变这种"可怕的现象"，亲自动手翻译日本板垣鹰穗所著《近代美术史潮论》一书，至次年 2 月译毕。先在《北新》半月刊连载，后于1929 年由北新书局出版发行。该书最后一章，便是对西方现代派绘画的概括介绍。其文字部分有万余字，分别对后期印象派、立体派、表现派、未来派等作了论述；其插图部分则多至 30 余幅，皆为各派代表人物，如康定斯基、马蒂斯、法宁格、毕加索、勃拉克、沛息斯坦因、马尔克等的代表作品。当然，板垣鹰穗从民族的地域的角度对现代派绘画所做的分析和介绍，并不代表鲁迅的看法，但是，鲁迅认为"中国正须有这一类的书"（见 1927 年 12 月 6 日致李小峰信），因为它非常有助于我们了解现代派的艺术。

1930 年，鲁迅在编选《新俄画选》时，又将构成派画家克林斯基等人的作品介绍给中国青年（见图 7），并在该书序言中，对十月革命前后，勃兴于俄国的立方派、未来派、产业派、构成派艺术及其更迭作了精辟的分析。同年 2 月 21 日，鲁迅应邀在上海中华艺术大学作了题为"绘画杂论"的讲演，再一次对现代派绘画予以分析，表明了他对现代派绘画一分为二的态度。

1932 年 6 月 4 日，鲁迅还在上海举办了"德国作家版画展"。其中，除展出珂勒惠支等现实主义作家的作品外，还展出了德国表现主义画家沛息斯坦因和寓居德国的现代派画家亚尔启本科（原籍俄国）、珂珂式加（奥地利）、法宁格（美国）等人的作品。鲁迅说：他们的作品，"是很值得美术学生和爱好美术者的研究的"（见《介绍德国作家版画展》）。

鲁迅还曾购买过许许多多有关西方现代派绘画的书籍，诸如：德文本《立体

图 7　《新俄画选》之一　克林斯基

主义》《表现主义》，日文本《马蒂斯以后》《现代美术》《超现实主义与绘画》，等等。不消说，他之所以这样做，也完全是为了"拿来"加以考察和研究。

鲁迅的视野是全球性的，他的胸怀是博大的。那些胃弱禁食的屠头，那些"左"得可怕的庸人，是他所不齿的。因为在他看来，假使我们对西方现代美术的诸流派没有正确的认识，那么，就谈不上对西方近百年来的思想史文化史的全面认识，也谈不上正确地开拓新的绘画观念建设新的绘画艺术。

二、"挑选"

文化上的"拿来"与先进技术设备的引进不同，它不能国外购买，国内组装，全盘照搬。而且在文化方面，"拿来"的又未必都是精华。因此就必须在占有之后，加以分析，做一番"挑选"。用鲁迅的话说，就是看见鱼翅，便"像萝卜白菜一样的吃掉"，看见鸦片，"只送到药房里去，以供治病之用"。（见《拿来主义》）

现代派绘画，是作为西方社会现实的对立物而产生的。在现代派画家看来，现实世界是肮脏的、浑浊的、卑琐的、虚幻的，而纯洁的、高尚的、实在的东西，只存在于他们的思想和心灵中。因此，他们在艺术实践中便歪曲或拒绝描绘客体的真实，强调表现主观和梦境。既然主观世界已经成了艺术的源泉，也就无须师承传统绘画艺术的观念和技法。绘画艺术的民族风格和地域特色，也被认为是多余的东西。他们反对艺术创作受任何"理性控制"，他们所膺服的口号是"破坏就是一切"。尽管他们在政治上倾向无政府主义，在哲学上是唯心主义，在艺术上是形式主义，但鲁迅仍然肯定他们"在破坏旧制——革命这一点上，和社会革命者是相同的"（见《〈新俄画选〉小引》）。他们是革命的"同路人"。他们之中，许多人后来走向人民走向革命，如墨西哥壁画家理惠拉、德国画家格罗斯等，更受到鲁迅的赞誉。在艺术观念上，鲁迅主要是一位现实主义者，但他对现代派艺术理论和技法的一些值得借鉴的地方，也给以必要的肯定。例如，未来派宣言"应当把万物运动论运用到绘画之中，作为一种动态感"（见赫伯特·里德：《现代绘画简史》第59页），所以他们在画奔马时要画20多条腿，因为马在奔跑时看去不止是四条腿。鲁迅指出：此说"毕竟过于夸大"，但也肯定它"有几分道理"（见《在上海中华艺术大学的讲演》）。立方派、抽象派的绘画，常把自然形体分解为若干切面，并互相重叠，或作线条和几何形体的组合，具有某种抽象美，可以作为装饰艺术的借鉴，用来调剂人们的精神。鲁迅之所以欣赏陶元庆的具有现代派艺术风味的封面设计，原因也就在此。德国版画家梅斐尔德的作品，气魄雄大，刀法简略，虽然基本上是现实主义的艺术，但在艺术手法上颇受表现主义的影响。鲁迅一面指出他的刻法有些地方"太任意，离开了写实"（见1934年4月17日致刘岘信），但一面却肯定其作品"很示人以粗豪和组织的力量"（见《〈梅斐尔德木刻士敏土之图〉序言》）。

鲁迅尽管注意到现代派艺术在其产生的动因上有"破坏旧制"的一面，也赞成借鉴现代派艺术理论和技法上的某些可用之点，但鲁迅也非常尖锐地指出现代派艺术致命的弱点。

这些致命之点是：

第一，现代派艺术家们因为没有远大的社会理想和正确的艺术思想，看不到人民大众的需要，只好在艺术形式上孜孜以求，花样翻新，而且我行我素，孤芳自赏。其结果是作品不能为人民大众所欣赏、理解和利用，反而为资产者发觉无害而给以收买利用，贩卖商也设法哄抬价格，从中渔利。所以，鲁迅指出，俄国的未来派连所出的杂志都定名为《批社会趣味的嘴巴》！"但资本家，却其实毫未觉到这批颊的痛苦。"（见《〈苏俄的文艺论战〉前记》）他还引证卢那察尔斯基的话来阐明："文艺上的各种古怪主义，是发生于楼顶上的文艺家，而旺盛于贩卖商人和好奇的富翁的。那些创作者，说得好，是自信很强的不遇的才人，说得坏，是骗子。"（见《〈奔流〉编校后记》）

第二，鲁迅说："图画是人类共通的语言"。（见《〈奔流〉编校后记》）但是，由于现代派艺术从唯心主义出发，使客观现实屈从于艺术家的主观意志，所以不但他们的作品因歪曲现实或排斥对现实的描绘而不能为人们的视觉感官接受，而且他们在作品中所要表达的创作意图和主体意识，也常令人不解。他们宣称"准确描绘不等于真实"，他们正如鲁迅所说"不描物形"。有的虽然也借助物形，但却又按照他们主观"心灵"的印象和创作情绪的需要，来歪曲物形，构成画面，泼染色彩，导致了趋奇逐怪的画风。这样，绘画是"人类共通的语言"的命题便不复成立，现代派绘画艺术便成了不能为常人所懂的东西。现代派是标榜艺术超功利的。在资本主义制度下，拒绝为资产阶级服务自然有其反抗的一面，但同时也拒绝为广大人民服务，却显然错误，这也是鲁迅对现代派绘画特别不能容忍的一个关节点。鲁迅认为：艺术要新，"'懂'是最要紧的"（见《连环图画琐谈》）。艺术要伟大，但"伟大也要有人懂"（见《叶紫作〈丰收〉序》）。"懂的标准，当然不能俯就低能儿或白痴，但也应该着眼于一般的大众"（见《连环图画琐谈》）。他又针对现代派画风指出：他们"尤其致命的是虽属新奇，而为民众所不解"（见《〈新俄画选〉小引》）。有人说："怪打倒了一切古旧的传统形式，是革命。"鲁迅说："不错，怪足以破坏旧形式，但如言建设新形式，怪就嫌不够了。所以说新派画破坏有余，建设不足。"鲁迅一再指出"怪并不是好现象"（见《在上海中华艺术大学的讲演》）。因为"一怪，即便于胡为，于是畸形怪相，遂弥漫于画苑"（见1934年6月2日致郑振铎信）。鲁迅还非常尖锐地指出"'意义'在现代绘画上是一件很重要的事"，"工人农民看画是要问意义的"，但倘一问，便又会被笑为"俗物""不懂艺术"等等。其实，"这类思想很有害于艺术的发展"。针对这类思想，鲁迅一面告诫艺术家说，"绘画成了画家的专利品，和大众绝缘，这是艺术的不幸"（见《在上海中华艺术大学的讲演》），一面又向大众指出：看不懂现代派的画"也并非一定是看者知识太浅，实在是它根本上就看不懂"（见《今春的两种感想》）。

第三，现代派绘画艺术，既然把主观心灵、精神世界、心理现实视为艺术的源泉，那么也就必然排斥一切以描摹人体和物形来传导主观感情的画派，尤其是现实主义画派和现实主义的绘画传统。他们主张以"主观的结构"代替"面对自然"（见赫伯特·里德：《现代绘画简史》第44页），而把一切面对自然的画派统称作"模仿的形式"。因而他们"要反对任何形式的自然主义的概念"，"歌颂一切创造性的形式"，并宣布"必须把那个曾经用来钳制创新者的罪名'疯子'，当作一个高贵的、荣誉的称呼"（同上注，第59页）。这种反对一切传统（包括民族传统）的观点，也是和鲁迅的美学思想相违拗的。毛泽东说："我们必须继承一切优秀的文学艺术遗产，批判地吸收其中一切有益的东西……有这个借鉴和没有这个借鉴是不同的，这里有文野之分，粗细之分，高低之分，快慢之分。所以我们决不可拒绝继承和借鉴古人和外国人，哪怕是封建阶级和资产阶级的东西。"（见《在延安文艺座谈会上的讲话》）列宁也说："即使美术品是'旧的'，我们也应当保留它。把它作为一个范例，推陈出新。为什么只是因为它'旧'，我们就要撇开真正美的东西，抛弃它，不把它当作进一步发展的出发点呢？"（见《列宁论文学与艺术》第911页）鲁迅在论及继承我国民族绘画艺术的传统时指出：唐以前的"大抵以故事为题材"，唐代"佛画的灿烂，线画的空实和明快"，宋代院画"周密不苟"的技法，都应当吸收采用；而宋画的"萎靡柔媚"之风，后来文人画的大盛写意，"竞尚高简"，以及贯休和尚的"过于怪异"，则均不可取。在阐明应当借鉴外国优秀绘画艺术时，鲁迅称赞珂勒惠支的作品"紧握着世事的形象"；克拉甫兼珂的作品"注意于背景和细致的表现"，是惊起中国美术青年"懒惰和空想的警钟"；阿庚的《死魂灵一百图》再现了"十九世纪上半的俄国中流社会"的习俗。借鉴他们，都于我们的艺术有益。这是因为，"新的艺术，没有一种是无根无蒂，突然发生的，总承受着先前的遗产"（见1934年4月9日致魏猛克信）。在思考中国创作版画的发展前景时，鲁迅认为："采用外国的良规，加以发挥，使我们的作品更加丰满是一条路；择取中国的遗产，融合新机，使将来的作品别开生面也是一条路。"（见《〈木刻纪程〉小引》）由此可见，鲁迅是反对现代派艺术那种对待传统和对待遗产的虚无主义态度的。因为要开拓和建设新艺术，离开对中外艺术优秀传统的继承和借鉴是不可想象的。

第四，现代派艺术既然旨在表现主观心灵，主张线的解放、形的解放，乃至"彻底解放视觉形象"而反对"准确描绘"，也就自然要导致绘画艺术中地域特色和民族特色的丧失。他们以创造"世界艺术"或强调艺术的"世界性"来冲击艺术的民族性和地域性，殊不知艺术愈具有民族特色，愈有浓郁的地方特点，才会愈有世界性。鲁迅指出"地方色彩，也能增画的美和力"（1933 年 12 月 26 日致罗清桢信），"有地方色彩的，倒容易成为世界的，即为别国所注意"（1934 年 4 月 19 日致陈烟桥信）。因此绘画艺术应当具有民族风格和地方特色，借以增加艺术美感。绘画中的民族风格，是民族特性的烙印，民族精神和民族生活的标记，是民族个性的显现。正像要求艺术作品中的人物形象应当具备鲜明的个性那样，艺术的内容和形式，也应当具有鲜明的民族个性。鲁迅肯定李桦的作品具有"东方的美"，肯定司徒乔的画表现了中国人"倔强的魂灵"，肯定陶元庆的作品具有"东方情调"和显示了"中国向来的魂灵"，就都是对绘画艺术民族个性的确认。在鲁迅看来，我们的绘画，倘不能"竭力使人物显出中国人的特点来，使观者一看便知道这是中国人和中国事"（见 1933 年 12 月 19 日致何白涛信），其结果是丧失了自己民族的艺术个性，走上一种"千篇一律"的新的公式化的道路，导致一种没有民族个性的抽象空洞的世界性。而这种世界性，实质上正是民族性的沦亡和泯灭。

三、"创新"

我们在探讨鲁迅对现代派绘画艺术局部肯定、总体否定的时候，并不是说鲁迅所发表的一切见解，哪怕是片言只语，都绝对正确，况且，真理本身也是发展的，也是要不断丰富完善的；而是说在我们创造新艺术的时候，鲁迅所坚持和捍卫的一些有关绘画艺术的基本规律是不应当违背的。因为规律是不以人们意志为转移的客观存在，我们只能认识它，顺应它，而不能任意改变它。

在我看来，这些带有规律性的东西，主要表现为以下几个方面：

其一，是在艺术创新中，要摆正创作主体和客体的关系。

在人类的历史上，出现过资本主义商品拜物教和劳动异化对人的个性的普遍的毁灭。现代派绘画是对这种毁灭给以抗争而又走向极端化的一种艺术反应。还应当看到，封建专制的统治，对人的个性也曾加以残酷的压榨，以山水花鸟为主要题材的中国文人画，便是艺术家在这种压榨下，产生"世外桃源"式的奇妙想象，从而遁入山林、寄情山水的产物。现代派艺术和中国的"文人画"，都是强调表现个性的，所不同的是，由于中国在宋元明清时代，基本上是处于封建性的封闭状态，残酷的压迫使艺术家在个性的表现方面不得不走一条回旋和躲避的道路，而远不及西方现代派艺术家表现得那样淋漓尽致，歇斯底里。

当前我国艺坛现代意识的活跃，现代派绘画的中兴以及对现代绘画观念的追寻，并不是突然从天而降的一种偶然现象和消极现象。就总体来看，这种探求是时代的必然。就局部的美术界的实情来说，它是对当代美术发展历史的反思，并且基于这种反思，力求开拓艺术实践的新路，实现艺术观念的"更新"。毋庸讳言，我国美术界的确长期存在以唯意志论和机械反映论为主要特点的"左"的弊端。上述两种错误倾向，看起来仿佛是"一右一左"，实质上却都压抑了艺术家的艺术个性，束缚了创作自由，妨碍了百花齐放，也背离了马克思主义的反映论。因此当今的美术家和美术理论家，针对这种压抑和束缚大胆地发表新见解并进行创作，原是要纠正以往的偏颇，以及清除这种偏颇所造成的消极影响。在纠正这偏颇的时候，我们自然应当十分尊重艺术家的创作个性，给艺术家充分的创作自由，使他们艺术表现的手法多种多样，使他们的艺术风格百花齐放，使他们的创造精神得以充分的发挥。但是，对于艺术家来说，却应当注意正确处理艺术创作中主观与客观、主体与客体的关系。要防止像现代派艺术家那样，颠倒了绘画创作的主客观关系，将创作主体（艺术家）的意志强调到一种超现实、超时空的地步，从而导致唯心主义的创作倾向。

一般来说，艺术创作中的主体是指作为认识客观、表现客观的人（艺术家），客体是指被认识的对象（包括自然界和人类社会）。当艺术家通过自己的观察认识和创作实践，掌握美的规律并按这些规律进行艺术创造的时候，他本人当然不是什么客体，而只能是创造性的主体，他的意识、精神、灵性当然也不是客观，而只能是主观。如果当包括艺术家本人在内的人们成了描写和表现的对象的时候，那么他（他们）自然便会成为别的艺术家的客体，而并非仍然还是主体，他的意识、精神、灵性虽然对他本人来说是主观，对另外的艺术家来说，却已转化为客观存在了。这时，艺术家所要描写的自然景物、社会物件，都有自己的形体和质感，所要描写的人物形象，各有独特的面貌和性格，而绝不是可以随意摆布的玩偶。自然，艺术作品是艺术家的创作，在艺术创作中可以通过题材的选择、形象的塑造、色彩的运用等各种手段，将艺术家的爱憎熔铸其间，使作品具有创造性和审美价值。可见主体和客体、主观和客观在艺术作品中，都是相对独立和相互依存的概念。我们在进行艺术创作中主体和客体关系的探讨时，应当坚持这种马克思主义的反映论。我们固然不可忽视艺术家作为认识主体和创作主体在艺术创作中的重要地位和作用，不可忽视在艺术和创作关系上，应当给艺术家以高度的尊重，但决不应当放弃生活是艺术取之不尽、用之不竭的源泉的观点。马蒂斯说艺术是"我们心灵的作品"，就是否认艺术应当表现客体，这是现代派绘画的典型的错误观点。现在，我们的一些美术家也说，应当"承认大脑思维也是现实，是精神现实，是隐性现实"；应当"承认显性现实和隐性现实都具有自身确定性价值，唯实的观察和唯心的灵性都可以感应周围世界"（见《中国美术报》总第2期），并且直言不讳地说，他们自己创作的美术作品就是"以理念和主观性为思考主线，从精神世界选取素材，摆脱自然时空的约束，产生超自然的想象和思考，达到心灵感应的艺术境界"（见《中国美术报》总第2期）的产物。时而"显性现实"，时而"隐性现实"，时而"唯实的观察"，时而"唯心的灵性"，看去仿佛是二元论，其实是唯心论。这并不是美术理论的突破、开拓和创新，不过是现代派艺术主张的因袭和照搬。鲁迅曾经告诫过一些具有艺术天分的青年，他说："天才们无论怎样说大话，归根结蒂，还是不能凭空创造，描神画鬼，毫无对证，本可以专靠了神思，所谓'天马行空'似的挥写了，然而他们写出来的，也不过是三只眼、长颈子，就是在常见的人体上，增加了眼睛一只，增长了颈子二三尺而已，这算什么本领，这算什么创造？"（见《叶紫作〈丰收〉序》）他又说："依我看来，青年美术家应当注意以下几点：一、不以怪炫人；二、注意基本技术；三、扩大眼界和思想。"（见《在上海中华艺术大学的讲演》）这些意见，都是要我们摆正艺术创作中主体和客体、主观和客观的关系。因为想要"超自然"、"超时空"，也不过是某些艺术家聊以自慰的大话，实际上是办不到的。一位热衷于抽象艺术的青年，有一段真实的自白，他说："我无法解释抽象艺术，之所以选择抽象这种形式，每人有不同的原因，至于我，则多半是因为无能。"（见《中国美术报》总第41期）可见，鲁迅所告诫的"注意基本技术"的训练和"扩大眼界和思想"的箴言，也并没有过时。

其二，是在艺术创新中，应当正确处理具象和抽象的关系。

抽象本是思维活动的一种特性，即在思想中抽取事物的本质属性，撇开非本质的属性，它与具体相对，是指从具体事物中抽取出来的相对独立的各个方面、属性、关系等。绘画艺术的根本特征，是用形象来反映生活，是造型艺术，是用形象思维，选取并凭借种种具体的感性材料来进行艺术概括的。虽然形象思维与逻辑思维并不是互相排斥而是相辅相成的，但形象思维又有其特殊的规律，那就是它一般不脱离具体的形象，而只是舍弃那些属于偶然的、次要的和表面的东西。因此，绘画美主要是具象之美，即以具体艺术形象表现出来的视觉美而不像音乐那样，是诉诸听觉的非形象的抽象美。当然，艺术创作和艺术表现是一种颇为复杂的精神现象，在绘画艺术中也要讲究线条的律动、构图的节奏，以及运用某些象征的乃至抽象的艺术表现手法。但就整体而言，它是不应当完全脱离形象或完全舍弃形象的。比如：我们通常所说的"人"，是一个抽象的概念。因为在现实生活中，我们所见的都是具体的人，有血有肉的人。倘若离开这个那个具体的人，而要在绘画艺术中表现不食人间烟火的抽象的人，倡导与具象艺术对立的抽象艺术，甚至说"纯粹抽象是中国水墨画的合理发展"（见《中国美术报》总第43期），绘画艺术将如何发展下去呢？那恐怕只有听任画家们各自以意为之，随便涂抹了。这种以意为之的前车，便是欧洲的抽象派艺术，起初是在画面上作抽象的线条和色彩的游戏，到后来便发展到用驴子的尾巴、猩猩的脚掌和公鸡的脚爪作画了。吴冠中先生在中国的画坛上，也是名气不小的一位画家，近年来，他为了追求抽象，是颇花了一番工夫的，但他所画的《松魂》也依然不能完全摆脱具象，只不过是运用了抽象的手法表现了几棵松树。他不无感触地说：我们想抽万物之象，但"可惜抽不出或抽不好"（见《吴冠中画集》），他的严肃的态度是富有启示的，那就是：如果要在绘画艺术中追求"纯粹的抽象"，恐怕是此路不通！因为它违背了绘画艺术的基本规律。

当然，我也只是说，那种"纯粹的抽象"的艺术，即完全舍弃或排斥形象的艺术，是不值得追求的，因为它严格说来，就不是艺术。但是，还应当看到，艺术创作中的抽象和具象问题是一个相当复杂的问题，具象或基本具象的艺术品，并不排斥某种抽象的艺术表现手法。至于具象的和抽象的表现方法，怎样才能融为一体，互为补充？怎样才能使观者既明白画的是什么，又从中获得美的享受？怎样才能使文化水平一般、欣赏层次偏低的观众，不觉其怪，而觉其美？那是要在艺术创作和艺术欣赏的不断实践中，才能解决的问题。在艺术创作中，为了创新，尽可以不断尝试，失败了也无关紧要，即使是失败之作，也应当给以展出，给以陈列，以便引起讨论，经受社会的检验。

其三，是在艺术创新的时候，应当注意协调艺术家和群众，即艺术创作的主体和艺术欣赏的客体之间的关系。

我国的一切美术家，都应当时时意识到站在我们面前等待欣赏我们的作品的，首先是十几亿中国人民。当然，中国的优秀的艺术品，也要走向世界，成为世界人民的欣赏对象，但各国人民所喜爱的中国艺术，也是那些具有我们民族特色、民族风格和民族气派的作品，而不是那种追奇逐怪，自鸣高雅的东西。诚然，艺术欣赏的观众是文化水平不等、欣赏层次不同的，艺术家可以创作那种专为文化水平较高、艺术欣赏能力较强的人鉴赏的作品，但除此而外，更应当顾及一般大众。况且，真正伟大的作品，倒往往是雅俗共赏的。倘若，自己的作品并不能做到雅俗共赏，又不甘通俗普及，而一味任情挥洒，抽象古怪，并且声称"面对绘画，没有'懂'这个字"，其态度之高慢，则简直是无异于望天鱼了。这也就不能不说是一种缺乏群众观点的表现。

1985年，"国画新作邀请展"在武汉开幕，据说观众写满了9个意见簿，可知反响之强烈。意见之中有"这种路走对了""历史必将留下这次盛展的功绩"一类的空洞的赞扬，也有"完了！中国画完了！""中国画的传统艺术混进现代'迪斯科'的味道，君谓可否"之类的慨叹。但更有一些颇为尖锐的意见，足以引人深思，发人深省。例如，一位观众写道："中国画理应创新，但不可离奇，不能只求怪、野、狂。"又一位观众写道："艺术要与人们的日常生活相结合，太离奇就无人理解，艺术家的创作要体现社会的生活，要得到广大群众的理解，否则就不叫什么艺术。"还有一位观众写道："艺术创作离开了生活就没有生命力。那些没有灵魂的画作，绝不比孩子在床单上撒泡尿强。"（见《美术思潮》1985年第8、9期合刊，第38至39页）由此可见，创新是群众的要求，理解也是群众的呼声。就连竭力提倡现代派艺术的《中国美术报》上，也有人以《无根的艺术》为题撰写文章。作者虽然是现代派艺术的赞扬者，但也不得不承认："目前这个现代派美术浪潮的缺陷也是明显的。由于它借用一种全新的外来艺术形式，不单脱离了人口众多的农民和工人，甚至中年知识分子也不懂这种语言。"（见《中国美术报》总第51期）这位作者还说："今天，政治上需要一个较为宽松的环境以清除十年折腾的后果，这类无害的作品才得到了容忍。"既然如此，那又为什么不去创作那些有益的作品，创作那些为农民和工人所理解、喜爱的作品呢？

其四，是绘画艺术中的功利和反功利问题。

西方现代派艺术是标榜超功利的，就他们不愿同受西方政府支持和利用的学院派及沙龙艺术同流合污这一面来看，他们的"超功利"，有其值得肯定的地方。然而，问题是我们现在也有一些艺术家在宣传"艺术本身无功利，无实用价值"（见《中国美术报》总第41期）的观点。假使这是对我们以往美术运动中那种急功近利的造神美术的逆反，自然也有其可以理解的地方，但就观点本身而言，不能不说是错误的。鲁迅在倡导新兴木刻艺术时就指出"当革命时，版画之用最广"（见《〈新俄画选〉小引》）；又说"新的木刻是刚健，分明，是新的青年的艺术，是好的大众的艺术"（见《〈无名木刻集〉序》）；他赞扬理惠拉的壁画"最能尽社会的责任"，是"属于大众的"（见《理惠拉壁画〈贫人之夜〉说明》）；他欣赏司徒乔的绘画，是因为"这抱着明丽之心的作者……自己也参加了战斗"（见《看司徒乔君的画》）。他指出，美术作品应当让人看了以后"不但欢喜赏玩，尤能发生感动，造成精神上的影响"，应当给人们"指出确当的方向，引导社会"（见《随感录四十六》）。他反对艺术成为"迎合大众"的新帮闲，更反对故意将画题题得"香艳，漂渺，古怪，雄深"的所谓雅倾向，他主张绘画要使并无"观赏艺术的训练的人，也看得懂，而且一目了然"（见1933年8月1日致何家骏、陈企霞信）。

按照历史唯物主义的观点，艺术是起源于劳动的，而不是发端于人们心理的一种冲动，因此艺术在其诞生的时候，就已经与征服自然、谋求物质产品的社会功利联系在一起了。在存在阶级和阶级斗争的社会中，艺术更具有无可否认的功利性。超阶级、超功利的艺术，实际上是不存在的。我国现在倡导现代派艺术的人，有的虽然认为"艺术本身无功利、无实用价值"，但他们果真是超功利的吗？不是已经有人承认："相当数量的这类艺术家潜在的目的是争夺艺坛的霸主地位，骨子里还是一种老掉牙的精神贵族观念。于是，一方面拼命表示与传统决裂，另一方面却力争传统象征的名家权威的承认。"（见《中国美术报》总第51期）自然，这种人，也许不一定是"相当数量"，但即使是数量极少，不也说明某些专家的"最高级""最现代"的艺术，也还不免抱有某种最狭隘的功利主义，而要想超功利是根本办不到的吗？我们今天主张创作自由，百花齐放，也完全是为了使艺术更好地为"四化"服务，为人民服务，为社会主义服务。我们反对急功近利的庸俗的功利主义，我们主张的是一种代表社会前进要求的广阔而崇高的艺术功利。

最后，我想谈谈开拓绘画艺术的"新观念"和创造"多元化"的艺术繁荣局面的问题。

我们正处在一个前所未有的开放的时代，改革的时代。开拓新的绘画艺术的繁荣局面，使我们的艺术适应新时期的要求，深入地、多方面地探求美术创作和现实生活有密切联系的重大问题，是非常必要的，也是理所当然的。如前所述，我们在前一时期的美术运动中，确实存在着唯意志论、机械唯物论、庸俗功利论的严重的干扰和影响，而且这些反马克思主义的艺术理论当时是以马克思主义和毛泽东思想的面貌出现的。它的出现，压抑了艺术家们的创造个性，危害是很大的。粉碎"四人帮"之后，我们的艺术家挣脱枷锁，解放思想，理应对这些"艺术理论"加以扫荡，不如此，便不能有效地开拓绘画新局面。但我们不能将孩子和污水同时泼掉，也不应当因为憎恶和尚，便恨及袈裟，连马克思主义美学思想中闪烁着真理光辉的基本规律也当成谬误，来加以清除，甚至把它称为"盘踞艺坛多年的'经学'的思想方式"（见《中国美术报》总第26期），来加以反对。至于说到"多元化"，我试问"多元化"到底指的是什么？是"唯心"和"唯物"并举，还是社会主义艺术与资本主义艺术并存？抑或是以康德、格伯森和弗洛伊德等人的观念来取代马克思主义？因此，我认为，社会主义的艺术观念所说的"多元化"，应当是在马克思主义美学理论的指导下，实现题材和风格的"多样化"。而马克思主义的美学理论，丝毫也不影响我们创造"多样化"的艺术繁荣局面，恰恰相反，它正是为艺术的"多样化"开拓了无限广阔的道路。按照马克思主义的美学观，我们应当对现代派绘画艺术加以一分为二的研究和探讨，将其可取之处和可用之点用来丰富我们的头脑，增强我们绘画艺术的表现力。但是，现代派绘画理论的哲学和美学思想的基点，却称不上是一种新的绘画观念，若以为获得这种观念便能进一步开拓我们艺术"多样化"的繁荣局面，那恐怕也是一个误解。

试论中国现代版画的"转型"问题

新时期以来，在继承版画导师鲁迅和老一辈艺术家们所开创的版画艺术的战斗传统的前提下，在贯彻党的"双百"方针和"二为"方向的艺术实践中，我国的版画艺术的确取得了新的成就，有了新的发展。这主要表现在队伍壮大了，版种增多了，题材更广了，技法更精了，创作繁荣了，风格多样了，展览交流更加频繁了，画册及史论专著的出版愈见其多了。总体观之，我国版画艺术的发展主流是健康的，依然主要是沿着革命现实主义的道路前进的。这是应予肯定的。

改革开放、国门大开之后，艺术家们拓展了眼界，解放了思想，激发了新的诗情，生发出新的画意。特别是一些中青年艺术家，面对西方艺术新潮的袭来，更力主观念的更新、画风的转轨，有的也确实以新的色彩和新的技法创造了新的艺术形象和艺术风格。但也有的对西方现代派依傍模仿、敬谨接收，画风怪异难解，不能和常人交流，并且孤芳自赏，颇以版画艺术的"转型者"自居，而个别版画理论家亦将这类新派的艺术称为"转型期的版画"，予以赞扬，但遗憾的是，时至今日，新派艺术家们似乎也还没有能创作出足以代表这一时代的力作。

那么，所谓"转型"究竟是从什么型转向什么型呢？换言之，是从哪种陈旧的型转向哪种新颖的型呢？说法自然是很多的。比如说：是从"本土型"转向"异域型"，是从"民族型"转向"国际型"，是从"战斗型"转向"审美型"，是从"附属型"转向"自主型"，等等。还有的说是从"具象型"转向"抽象型"，是从"陈述型"转向"体验型"，是从"传统型"转向"现代型"，是从"封闭型"转向"开放型"，等等。由于观察和思考的角度不同，措辞也就各异，但总而言之，是在"转型"，转型乃历史之必然也。

我认为，这虽然不是一个涉及版画艺术主流性质的问题，但到底如何分析和认识这种变化，评价它的成败得失，不仅关系到对版画创作的评价，而且关系到对版画艺术导向的指引。所以，我很希望能开展关于"转型期版画"的专题研讨，认真总结经验教训，促进版画艺术的发展和繁荣。比如说：新兴版画原本就是"舶来品"。恰如导师鲁迅所言："中国木刻图画，从唐到明，曾经有过很体面的历史。但现在的新的木刻，却和这历史不相干。新的木刻，是受了欧洲的创作木刻的影响的。"（见《〈木刻纪程〉小引》）换言之，新兴版画是由异域移植而来的画种。由于是移植而来，也就难免依傍和模仿，所以萌芽期的木刻便带有明显的欧化倾向。叶圣陶在《抗战八年木刻选集·序》一文中就曾指出："在木刻艺术刚介绍进来的时候，我国的一些作品脱不了模仿，某一幅的蓝本是外国的某一幅，某人的作品依傍着外国的某一家，几乎全可以指出来。"自然，重要的是始于模仿而不终于模仿，模仿只是创造的准备。到20世纪40年代，以古元、彦涵为代表的延安画派，便将这"欧化"（异域型）加以"转型"（暂且借用这词语），转成了"本土型"；如果"欧化"也可以称之为"西化"或"国际型"的话，那么，延安画派便是将"欧化"或"西化"的"国际型"版画，转变为"民族型"的木刻了。不言而喻，将原本为"异域型""国际型"的版画，转型为"本土型""民族型"的木刻，是延安画派的不朽的贡献。木刻导师不是教导我们说在艺术上"有地方色彩的，倒容易成为世界的，即为别国所注意"（见1934年4月19日致陈烟桥信），美术界的许多同人不是也承认"越是民族的，便越是世界的"吗？那么请问，我们今天版画的"转型"，又为什么要从"本土型"转向"异域型"呢？为什么要从"民族型"转向"国际型"呢？这样的转型是否值得称赞讴歌呢？

再比如，由"战斗型"转向"审美型"，这提法，也似有将"战斗"和"审美"加以对立之嫌，好像表现"战斗"的版画作品，难以"审美"，而"审美"性强的作品便不宜火药味、战斗味太浓似的。其实，表现战斗的作品并不排斥审美，强调审美的作品也未必不在"战斗"。胡一川的木刻《到前线去》，成功地表现了"一·二八"事件后，全民族的愤怒和对抗日的急切要求，是号召战斗的作品。但那画面人物怒不可遏的眼神，强烈呼号的口形，粗壮有力的双手，迎风飘动的头发和衣衫，都无不体现着"力之美"。李桦的早期木刻《怒吼吧，中国！》，同样是一幅包孕着民族魂魄的力作，它概括了中华民族受欺凌、已觉醒、要战斗的精神伟力。画面上被缚的巨人，铁骨铮铮，发出战斗的怒吼；他要拿起尖刀，斩断绳索，用血肉筑成新的长城，和敌人作最后的斗争，那形象同样体现着"力之美"。将这样不朽的杰作视为没有（或缺乏）审美力量的"宣传品"，恐怕未必合适。倘使再将这类"战斗型"的艺术，视为革命的工具和政治的附庸，提出由"附属型"转向"自主型"似乎也未必是一种十分正确的指引。审美，是显然有着时代性的，在战火纷飞的年代，人们偏重欣赏壮美、力之美、粗犷之美……而在和平建设的年代，则侧重欣赏柔美、幽雅之美……但这也不是绝对的，假如用版画来表现近年我国军民严防死守的伟大的抗洪战斗，还是要侧重表现那壮丽的、粗犷的、战斗的美，还是需要那种"战斗型"的构图和"战斗型"的版画吧！

还有，就是从"具象型"转向"抽象型"，也是一个颇费口舌、纠缠不清的问题。抽象，原是思维活动的一种特性，即在思维中抽取事物的本质属性，它与具体相对，是指从具体事物中抽取出来的相对独立的各个方面、属性和关系等。绘画艺术不是几何代数，它的根本特征是用形象来反映生活，是造型艺术，是用形象思维选取并凭借种种具体的感性素材进行艺术概括和艺术表现的。尽管形象思维和逻辑思维并不是相互排斥而是相辅相成的，但形象思维又有其特殊的规律，那就是它一般不脱离具体的形象，而只是舍弃那些属于偶然的、次要的和表面的东西。因此，绘画美主要是具象之美，换言之，具象乃绘画艺术之生命也。当然，艺术创作和艺术表现是种极为复杂的精神劳动，在绘画艺术中也要讲究线条的律动、构图的节奏，以及运用某些象征的乃至抽象的艺术表现技法。但就总体而言，它是不应当完全舍弃和抹杀形象的。比如：我们通常所说的"人"，就是一个抽象的概念。因为在现实生活中我们所见和所要表现的都是具体的、有血有肉的人。

徐悲鸿是江苏人，李桦是广东人；陈洪绶是古代人，齐白石是近代人；吴昌硕是中国人，列宾是外国人；珂勒惠支是女人，麦绥莱勒是男人……倘若离开这个那个具体的人，而要在画面中表现那种不食人间烟火的纯粹抽象的人，倡导与具象艺术完全对立的抽象艺术，甚至说"纯粹抽象是中国画的合理发展"（见《中国美术报》总第43期），那么，绘画艺术将如何发展？画家们又将如何作画呢？那恐怕就只好以意为之，任意涂抹了。这种以意为之的前车，便是西方的抽象派艺术，起初是在画面上作抽象的线条和色彩的游戏，到后来便发展到用驴子的尾巴、猩猩的脚掌作画了。事情发展到今天，我们一些画家有前车之辙而不知借鉴，一定要争做覆车之民，要从"具象型"转向"抽象型"，其作品的古怪、雄深和难以被一般的公众所理解和看懂，正是必然的结果。这岂不是擎举着"双百"的旗帜，却背离着"二为"的方向吗？

自然，我也只是说，那种"纯粹抽象"的艺术，那种完全排斥和扼杀形象的艺术，是不值得追求的，因为它严格说来，就不是艺术。但是，还应当看到，具象或基本具象的绘画，并不排斥某种抽象的艺术手法和技巧。至于具象和抽象的表现方法，怎样才能融为一体、互为补充？怎样才能使观者既明白画的内容，又从中获得美的陶冶？怎样才能使文化水平一般、欣赏层次偏低的观众，不觉其怪，而觉其美？那是要在艺术创作和欣赏的不断实践中才能加以解决的问题。事实上，古往今来的许多艺术大师们的创作实践已经为我们做出了辉煌的范例；在今后的艺术创作中，为了创新也还需要不断尝试，不断创造新的成果。

其实，在各种各样的"转型"中，还有一种"转型"是未曾提及的，这便是由"通俗易懂型"转向了"怪异难解型"。这种转变是上述种种转型所带给观众的一种必然恶果。1996年冬，我在第13届全国版画展览会所举办的"中国版画的当今与未来学术研讨会"上，就讲过版画展览中所存在的一个"非主流性质的问题"。我说：

这392件展品中，可以说90%以上都是可懂的，但也有3%~4%的作品，我看不懂。比如，有一幅作品叫《无题》，大约是铜版画，画面漆黑一片，只从左下方向画中央斜上去一条线。我就不知道，作者到底要表现什么？恰好身边有我所敬重的一位老版画家在，我便问他："这作品您懂吗？给我讲讲。"他告诉我说："这就是当今人们所说的那种'高品位''高档次'的东西，可到底画的是什么，也不好说。"也还有另一位版画家提示我说："铜版画的黑色能做得那样匀，技法还是顶高明的。"我说："我要问的是，他到底'画'的是什么？"对方则笑而不答了。

老实说，我在北京长期居住，又因忝列美协会员和版协理事，常常收到一些美展的参观券，成了中国美术馆的常客。这些年来，我在不少美展中常常看到一些怪异难解、不知所云的"绘画"，有时，展厅里也有一两个熟人，我便请教他们，他们也大多笑而不答。那"笑"，常使我感到仿佛在笑我无知，使我不禁自惭形秽。那"不答"，又使我感到高深莫测，仿佛芒刺在背。有时，我也琢磨，那"笑而不答"，到底是一种宽容大度的风度，还是一种不懂装懂的掩饰？但思来想去，只落得一种寂寞和尴尬，只好由他去吧！不过，我也偶尔想起一些新潮理论家的教诲，诸如："面对绘画，没有'懂'这个字。"（见《中国美术报》总第19期）但是，我们的导师鲁迅先生却分明又说"工人农民看画是要问意义的"，因此"'懂'是最要紧的"，"伟大也要有人懂"（见《叶紫作〈丰收〉序》）。先生还说：在那些怪异难解的作品面前也不必觉得自己"知识太浅"，因为"实在是它根本上就看不懂"（见《今春的两种感想》）。面对这相反的指引，我们到底应当相信谁呢？在我自己，是宁愿相信鲁迅先生，也不愿听信那种新潮理论家的误导的。

假使大家真正承认版画艺术是为了人民大众的，那么版画"转型"的成败得失的最权威的评价者便是人民大众。因此，哪怕转型转得再好、再妙，也必须首先让广大的人民群众能懂，否则一切肯定、赞扬、奖金、奖牌都无济于事。转型转得好，人民群众当然会为我们叫好，转得他们根本不懂了，他们自会扭头而去。所以，不管怎么"转"，都必须坚决反对那种脱离人民大众的艺术倾向。这类倾向早已为鲁迅先生所坚决反对。举其要者，其一，是"高雅"，其二，是"趋时"。

艺术史上的雅俗之争和雅俗之别，反映着少数"雅人"和多数"俗人"在审美趣味上的对立和斗争。不论是西方的古典主义、唯美主义和沙龙主义，还是中国的文人画和文言诗，都曾竭力讲究脱俗，追求闲逸，标榜高雅，故作艰深。他们强调俗字不可入诗，俗人不能入画。这类贵族老爷式的审美癖好，反映了上流社会垄断艺术的功利企图。故作"高雅"者，一则可以借此抬高自己的身价，猎取"艺术家"的美名；二则可以掩盖作品的苍白和空虚，炫耀技巧之高妙。针对前者，鲁迅曾尖锐地指出："中国近来其实也没有什么艺术家。号称'艺术家'者，他们的得名，与其说在艺术，倒是在他们的履历和作品的题目——故意题得香艳，漂渺，古怪，雄深。连骗带吓，令人觉得似乎了不得。"（见《一八艺社习作展览会小引》）针对后者，鲁迅又指出："古之雅人，曾谓妇人俗子，看画必问这是什么故事，大可笑。中国的雅俗之分就在此：雅人往往说不出他以为好的画的内容来，俗人却非问内容不可。"（见《论翻印木刻》）鲁迅对故作高雅者的批评，反映了他艺术为大众的美学思考和人民大众的艺术功利观。恕我直言，在我国当前版画"转型"的过程中，鲁迅所批评过的此类现象，依然是或多或少、或轻或重地存在着的。

所谓"趋时"，鲁迅主要是指当时的一些艺术家对已经波及我国的西方现代派艺术的热衷。众所周知，勃兴于19世纪末、20世纪初的西方现代派艺术，是对资本主义制度压抑和毁灭个性给予强有力抗争而又导向个性极端自由的一种艺术反映。在现代派艺术家看来，现实社会是丑恶的、虚伪的、肮脏的，而纯洁、真实和高尚的东西，只存在于他们的心灵中。因此，他们在艺术实践中，便把主观世界视为艺术源泉之所在，他们厌弃对社会现实的表述，而强调表现自我，表现自我的体验和主观的梦境（似乎与前文所提及之"从'陈述型'转向'体验型'"有点相似之处）。他们反对继承以往的艺术传统，甚至对传统中的精华也采取了断然抛弃的态度（这又似乎与前文提及之"从'传统型'转向'现代型'"相仿佛）。鲁迅对西方现代派艺术的总的态度是拿来、挑选、取其可用之点，但他也毫不客气地指出了现代派艺术的致命弱点。鲁迅批评他们作画"往往不描物形"（见《〈新俄画选〉小引》），任意挥洒；或者，虽然也借助物形，但却又按其主观的印象和创作激情的冲动，来歪曲物形，解散形体，从而引出了一种趋奇逐怪的画风。针对此种画风，鲁迅一再指出："怪并不是好现象"（见《鲁迅论美术》第202页），"一怪，即便于胡为，于是畸形怪相，遂弥漫于画苑"（见1934年6月2日致郑振铎信）。另外，是在处置画家和欣赏者之间的关系方面，现代派总是独尊个性，而对欣赏者（即人民大众、观众）缺乏应有的尊重，其线形的解体、色彩的怪异以及构图的不知所云，都很难让人看懂。所以，鲁迅一针见血地指出：他们的作品"尤其致命的是虽属新奇，而为民众所不解"（见《〈新俄画选〉小引》）。我想，我在前面所说的常常出现在一些美展中的根本不能让人看懂的作品，除了故作高雅之外，也有"趋时"的弊病吧！

遵从人民大众的审美要求，鲁迅鲜明地提出了艺术作品必须使大众能懂的命题。他说："'意义'在现代绘画上是一件很重要的事。"他坚决反对那种"作品愈高，知音愈少"的神秘主义观点。因为按照此种逻辑推论下去，则"谁也不懂的东西，就是世界上的绝作了"（见《文艺的大众化》）。所以，鲁迅一再指出：版画作品一定要让大众懂得、明白，能理解、能接受，否则，谁也不懂，又怎能奢谈为人民服务、为社会主义服务呢？

然而，令人不解的是，直到今天也仍然有人为艺术脱离群众，甚至简直是奚落群众的错误倾向辩护。他们说"美的力量不是所有的人都能理解和看懂的"，并且直言不讳地说："我们不能一味地迁就。"（见《中国美术报》总第28期）

迁就，当然不对。鲁迅尽管把"懂不懂"当作艺术为大众服务的一个重要标准来看待，但他并不是也从来没有主张迁就。恰恰相反，他倒是反对迁就的。他明确指出："懂的标准，当然不能俯就低能儿或白痴，但也应该着眼于一般的大众。"（见《连环图画琐谈》）如果不但是中学、大学水平的观者，甚至连研究生、大学教授们都看不懂的作品，也硬要拿来上市、展出，并且宣称是"高水准""高档次""高品位"的艺术，那就不免是孤芳自赏。有鉴于此，鲁迅便告诫说："绘画成了画家的专利品，和大众绝缘，这是艺术的不幸。"（见《鲁迅论美术》第202页）

　　在主张通俗易懂、雅俗共赏的同时，鲁迅还反对把艺术庸俗化。俗，绝不是粗俗、低俗、庸俗，更不是低级下流。他说："迎合和媚悦，是不会于大众有益的。"（见《文艺的大众化》）因为这是艺术家丧失社会责任感，艺术品沦为玩物，甚至是精神鸦片的表现，所以他又说："（艺术成为）'迎合大众'的新帮闲，是绝对的要不得的。"（见《且介亭杂文·门外文谈》）好在，这类庸俗的货色，在新时期的版画创作中还没有抬头，没有地位。这自然是值得我们庆幸的。不过，在庆幸之余，我们也应当防止它的出现。

　　鲁迅还说过："以过去和现在的铁铸一般的事实来测将来，洞若观火！"（见《南腔北调集·〈守常全集〉题记》）我国版画艺术以往的铁铸一般的事实是，作品都通俗易懂、明白畅晓，没有什么大作是一般的观众所看不懂的。这只要随便翻翻《中国新兴版画五十年选集》就会得到印证，无须赘述。到现在，不能懂的作品，尽管出现了一批，但也并不占主流，不是多数，而且在改革开放、探索创新的潮流中，出现这类作品，也是情有可原的。我相信，只要我们的"二为"（为人民服务、为社会主义服务）方向不变，只要我们版画艺术的社会主义性质不变，则明白畅达、雅俗共赏的版画艺术必将欣欣向荣，而那种根本就不知所云，而且也很不美的作品，必将敛迹收场。愿21世纪的中国版画都明白畅达，雅俗共赏！

9474 RULL,   '/1   Nur

Blatt ist untergezeichnet bei

鲁迅珍藏的中国最早的几幅木刻

新兴版画又称创作版画或现代版画。它和古典版画的区别，除了所反映的时代和社会生活各异之外，还在于古典版画无论中外都是复制的，是刻工复制画师的作品，再由印工拓印而成的；而新兴版画则是创作的，是画家自刻自印的艺术品。

创作版画源于欧洲，是19世纪下半叶出现的。我国新兴版画的兴起较之欧洲要晚六七十年，是20世纪30年代才由鲁迅先生全力倡导，一批青年蜂起响应而酿成运动的。

尽管鲁迅竭力倡导版画运动，但他自己从未跻身于版画创作的行列。那么中国新兴版画最早的作者是谁？一般都认为是胡一川和汪占非。因为胡一川的木刻《流离》《饥民》和汪占非的《五死者》，都参加了1931年6月11日至14日在上海举办的"一八艺社习作展览会"，后来又一并被收入了《一八艺社1931年习作展览会画册》。另据陈广、卢鸿基回忆："这是我国自有美展以来第一次展出木刻作品。"（见《一八艺社纪念集》第5页）。胡一川的《流离》《饥民》虽然是在1931年参加展出，但实际创作的时间还要早一些。他在写给笔者的信中说：这些木刻是1930年"左联"举办暑期文艺补习班后在杭州国立艺术院刻的。鲁迅在同年8月6日，曾往暑期文艺讲习班讲演，可见胡一川上述作品当在同年8—9月间刻成。至于汪占非的《五死者》，则显然是1931年2月以后的作品，因为柔石等"左联"五烈士是同年2月7日遇害牺牲的。总之，我一直认为胡一川大概就是"中国新兴版画第一人"了，因为他的上述木刻是目前有关新兴版画各种书刊、画册所收的最早作品。

但是，北京鲁迅博物馆还珍藏着六幅佚名待考的新兴版画，建馆三十多年来始终不知出诸谁手。这些作品，前两年也曾看过，但也只是看看而已，并未留意。今年，因为想写一本《中国现代版画史》，所以"中国创作版画第一人"到底是谁的问题，又时刻出现在脑际，于是，便将那六幅藏品借出重新审视思考。突然，我想到了徐诗荃先生，因为我记得《鲁迅日记》中有过关于收到他寄来自作版画的记载。为此，我决意尽快去拜访诗荃老人，以求水落石出。我之所以要"尽快"，是因为倘能获得确认，则不仅藏品的佚名问题可以得到解决，而且也许这些藏品便是中国新兴版画史上最早的成果了。我之所以要"尽快"，还因为倘能获得确认，不仅诗荃先生可能就是"中国创作版画第一人"，而且我们北京鲁迅博物馆也就成为中国新兴版画最早作品的收藏机构了。

今年春天的一天，我们携了藏品，前往拜访诗荃老人。由于先前曾多次请教过诗荃先生，彼此都相熟，所以便免去客套，拿出作品，请先生过目。诗荃先生一看，便顿生抚今追昔之感："啊！是我刻的！是！是！哎哟，快六十年了罢，那时，鄙人是二十一岁，如今八十老朽了！鲁迅，鲁迅，了不起的细心人，真想不到还一直保存至今……"这时，我们也很高兴，因为不但作品获得了确认，而且接着还弄清了这些版画的创作年月和许多有关的细节。

徐诗荃，原名徐琥，又名梵澄，1909年生于湖南长沙。1927年考入复旦大学，次年5月15日，鲁迅往复旦实验中学讲演，他曾担任记录。次日，将记录稿誊清寄给鲁迅，并由此开始了与鲁迅的交往。1929年8月20日因往德国留学曾向鲁迅辞行，鲁迅遂委托他赴德后代为收集版画书刊和名家原拓，以便翻印介绍，倡导并推动我国的新兴版画运动。

诗荃先生在少年时代就热爱艺术，赴德后，又因受托为鲁迅觅购版画，便索性往海德贝格大学选修艺术史，同时又在高等技术学校学习版画课程。他的几幅版画便是在这一时期刻成的。

据1930年8月4日《鲁迅日记》载："得诗荃信附木刻习作四枚。"我们和诗荃先生一起对照藏品，确认这次所寄的四幅分别为《罐梨》、《风景》和两幅《圣诞老人》。当时，从德国寄回上海，邮程一般要二十天，推断起来，这四幅版画当作于1930年7月间，比前述胡一川之作还要略早，只是由于从来没有发表过，所以不为人知罢了。

《罐梨》（见图9）刻的是一罐一梨，题材是静物，《风景》（见图8）所刻为日出的景观。前者吸取了西洋版画中讲究光影效果的长处，颇具素描的特色。后者刀法遒劲，独富气势，画面右侧有作者题写之清道人语："发挥其纵势耳！"左侧题有："此乃得意之'脚'！"（"脚"是"作"的谐音）看来，诗荃先生当时刻成后，颇为自赏，且亲笔标价为"9474马克"，倘若真要卖给鲁迅，那可是无异于"敲诈"了。但是《罐梨》的标价，却又极低廉，只0.25马克，简直是等于白送了。诗荃老人风趣地说："这些都是胡闹，是同鲁迅先生开开玩笑的，实际上从来也没有出售过。"《圣诞老人》一共两幅，头一幅的画面右侧题有"圣诞老人，星，月，雪，树之类"字样，大体概括了画面的内容，标价亦为0.25马克；第二幅的画面右侧题有"鲁迅先生"四字，下端为随手所撰之笔名"正锋"，左侧注有"此拓较精"，因而标价也就略高，升值为0.5马克了。

鲁迅再次收到徐诗荃作品的时间，是1931年2月13日。这天，他在日记中有"得诗荃所寄……自作木刻两幅"的记载。这两幅都是《鲁迅像》（见图10），不过，我们的藏品中却只有一幅了。画面下部，有"风笠谨制1.1931"字样，"风笠"是诗荃所用的笔名，"1.1931"表明作于1931年1月。那么，原本收到"两幅"何以现存的藏品仅有一幅呢？这是别有原因的。据赵家璧先生回忆说："1933年春，鲁迅应我的请求，给了我一幅木刻半身像，刻的是中午时代的鲁迅，两眼炯炯有神，突出中式长袍衣领上的两颗盘香纽。刀法粗犷有力，颇有特色。当年我也未问作者是谁，缩小制版后，用在《一天的工作》的包封上作广告用。"当年赵先生未问的作者，正是诗荃先生，鲁迅交给他的版画半身像，也正是徐作之《鲁迅像》。正因为此，现存的藏品也就只能是二存其一了。另据1930年9月23日《鲁迅日记》载"寄诗荃……照相一枚"加以推断，这幅《鲁迅像》当系参照相片所刻。不过，诗荃先生之于鲁迅，知其世，读其书，见其人，故在取像之时，自然就更重在传神。

藏品的最后一幅，是《高尔基像》作成于 1931 年 2 月，鲁迅于同年 3 月 26 日收到（见日记）。原件下方有诗荃亲题魏武帝诗一首。诗荃老人说：当时刻高尔基像，是因为崇拜其人，至于题诗，则着重在"老骥伏枥，志在千里，烈士暮年，壮心不已"这几句，是仰慕高尔基晚年领导苏俄文坛，致力于本民族和全人类的觉醒的。

当我们拂去历史的积尘，细审这六幅版画的时候，不难发现，徐先生的版画之作，构图虽不复杂，但却大都非常得体，用刀以圆口为主，风格朴拙，且独具妙趣。比之当今之版画，自然说不上精细，但较之我国 20 世纪 30 年代许多青年版画家的作品，依然不失为上乘之作。

也许有人会说，徐先生当时并不在国内，也未投身新兴版画运动，这些作于

图 8　风景　徐诗荃

图 9 罐梨 徐诗荃　　　　　　图 10 鲁迅像（之一） 徐诗荃

异国的版画作品大都没有在国内发表，他后来也不再从事版画创作，因而，将徐先生推作"新兴版画第一人"未必妥当。我以为，这些看法是片面的，因为是片面的，自然也就是错误的。事实上，徐先生不但介入了我国的新兴版画运动，而且是鲁迅倡导新兴版画的有力助手。试想没有他的鼎力相助，大批德国版画原拓就无法购得，鲁迅也就不可能在后来编印出版梅斐尔德的《士敏土之图》和《凯绥·珂勒惠支版画选集》，不可能在上海举办"德国作家版画展"，许多30年代的青年版画家也不可能获得这些可资借鉴的精神食粮。不仅如此，徐先生还挥刀作画，亲身投入了版画创作的艺术实践，不但刻制凸版版画，而且进行了凹版（铜版）版画的试作，他的铜版风景画也曾寄赠鲁迅，至今为上海鲁迅纪念馆珍藏，他实在是我国新兴版画运动初期的一位艺术尖兵。至于他后来不治版画，当然也不能成为抹杀他早年贡献的一种借口。因为在中国现代版画史上，一度投身版画艺术后来又改行的也大有人在，江丰、金肇野、郭牧等便是例证，但又有谁能否认他们曾经是青年版画家呢？又有谁能否认他们的艺术贡献呢？是的，徐先生的版画创作，除《鲁迅像》一幅曾在 30 年代以不署名的形式发表过之外，其余都从未面世，因而，他的贡献也就不为世人所知。但是，也正因为如此，我们今天郑重刊发这些作品，才更加具有非凡的意义。凡是贡献于人民的艺术，绝不应因岁月的流逝而被埋没，恰恰相反，其历史的意义应当载入史册。

平津木刻研究会和
中国早期木刻运动

我国现代版画史上的第一个社团是成立于 1930 年 5 月的"杭州一八艺社"。1931 年初，社员陈广、陈铁耕等被杭州艺专开除，遂转赴上海，与江丰等成立上海一八艺社研究所，并在鲁迅的支持下举办了"一八艺社习作展览会"。

1931 年 8 月，鲁迅在沪举办木刻讲习会后，沪、杭木刻社团如雨后春笋，频频涌现。在沪者有 M.K. 木刻研究会、现代木刻研究会、春地画会、无名木刻社等；在杭者，有木铃木刻研究会。

然而，这些社团都不久续。恰如鲁迅所说：不久，所有研究版画的团体"都遭封闭，一些成员被逮捕，迄今仍在狱中"（见 1934 年 1 月 6 日致希仁斯基等信）。

沪、杭一带木刻运动的暂处低谷，并不意味着木刻运动的绝灭，恰恰相反，它却促成了木刻运动中心的转移。尽管鲁迅曾说"北平和天津的木刻情形，我不明白"（见 1934 年 12 月 18 日致李桦信），但北中国木刻运动最初的组织者和开拓者，仍然是受过鲁迅影响和关怀的一八艺社的几位青年。

1932 年 9 月，一八艺社的最后一批骨干被杭州艺专开除出校，他们是汪占非、王肇民、杨澹生、沈福文。后经北平艺文中学美术教员王青芳之助，他们转学于北平大学艺术院。据王肇民回忆，转学"一个月后"，他们便在"北方左联"的领导下，成立"北平木刻研究会"。他们曾多次征集上海、杭州、广州的木刻作品，在艺文中学展出。该会"1933 年，遵照"北平左联"的意见，与漫画研究会合作，成立木刻漫画研究会，复开木刻漫画展览会于艺文中学。苏联大使前往参观，并以 300 美元买木刻 6 幅，以示鼓励，且誉与捷克的木刻有同等水平"（见王肇民：《我与一八艺社》）。

1933 年 4 月 15 日出版的"北方左联"主办的《文学杂志》创刊号上，曾刊出该会《木刻展览会通知》，原文如下：

> 木刻研究会主办之木刻展览会，于本月 16 日至 19 日假西长
> 安街艺文中学举行，作品约百幅，系北平、上海木刻之近作，并
> 收集世界木刻多件，欢迎参观。

这就是北平木刻研究会首次展出之预告。这次展览如期举行，观者甚众，获得成功。展览开幕之次日，《北平晨报》即以《破题儿第一遭，木刻画在平展览》为题，予以评介：

> 木刻画，在西洋盛行很久了……在我们国，虽有不少号称艺
> 术家的，但对此都没有深刻的努力。号称文化区域的北平，木刻
> 画展，这算是破题儿第一遭……展览是在一幢很大的房子里，在
> 灰颓的墙上，挂着许多的木刻画，并没有华丽的画框装衬。
>
> ……
>
> 这些画，全是用现实社会的生活，及战争的事实为材……对
> 社会的不平，表示深刻的不满……在黑暗中表示着人们对国事的
> 愤慨，情形逼真，很有独到之处。

4 月 19 日，《北辰报》又发表了克削的《木刻展览会》一文，盛赞这次展览是"破天荒的出现"，是"创举"，多数作品都能"抓住时代的精神"，"那令人兴奋的静得动人的空气，是叫你肃然起敬，顿时觉得你的周遭尽都是黑暗和恶魔，你的前途呈现着希望和光辉！"

这，便是我国北方新兴木刻运动光辉灿烂的第一页！

北平木刻研究会的第二次作品展览，是于 1933 年 7 月 3 日至 6 日在艺文中学举办的。据报载："北平绘画研究会临时也加入了这一战线——而形成了北平两大美术团体底联合展览。"（见 1933 年 7 月 6 日天津《庸报》）参展作品有杨澹生的《反对停战协定》，江丰的《集会》《演说》，胡一川的《呐喊》《要饭吃》，野夫（未名）的《待雇》，以及洪野、代洛、肖传玖（佩之）等人的木刻约 60 帧。

该会还准备参加由上海木刻研究会所筹备的"全国木刻展览会"。这次展览原定 1933 年 6 月在沪举行，后因欢迎巴比塞调查团来华未能举行。

北平木刻研究会第二次作品展览时，征收了新会员，并在展览会结束后召开了正式成立大会。据 1933 年 7 月 22 日《科学新闻》载：

> 北平木刻研究会，最初是几位木刻爱好者所发起的；数月来他们的努力工作的积极精神，是很值得我们赞许的。前后他们开了两次作品展览会，听说不久要在天津展览……在第二次展览中，该会公开征求会员，结果有十余人应声而入！会员总计约二十余……该会……于本月十一日下午，举行"北平木刻研究会正式成立大会"……

阵容壮大之后，该会本当更有建树，但在 1933 年 8 月，"北方左联"的 19 名成员在秘密集会时，因叛徒告密而被捕，白色恐怖也由此危及该会骨干。不久，沈福文被捕，杨澹生、王肇民离开北平，原定赴天津之展出未见进行，王肇民离去时将历次展出之作品交新会员、"左联"成员金肇野保存，该会活动被迫暂时停止。

至 1934 年春，由于金肇野、许仑音、周涛、赵越都给《北辰报》的《荒草》副刊投寄木刻作品，编者洪君实便介绍他们相识。几个月后，因为已有了不少作品，洪君实和"北方左联"的周小舟均鼓励他们举办展览。为掩当局耳目，金肇野等便决定举办一个"书画·版画展览会"，"以木刻为主，也请些'陪客'"。为了丰富展品，他们还奔赴天津征求作品。

1934 年 8 月 26 日至 31 日，"书画·版画展览会"在艺文中学开幕了。这次展览在当时的报章上，又被称为"平津木刻联合展览会"。展览"成绩卓著，颇为社会人士赞许……旅平作家郁达夫、孙福熙等，均往参观"（见 1934 年 10 月 30 日《北辰报》）。展品中的精彩之作"为许仑音之《日出之前》，题材作风，均极出色，其次为肇野、未名、王青芳诸君，作品练纯，不下于许氏"（见 1934 年 8 月 27 日《北辰报》）。展出当天，《北辰报·荒草》以整版篇幅刊出"木运专刊"。展览结束后，于 9 月 9 日和 16 日，假地艺文中学举办了两次木刻讲座。由许仑音、金肇野、赵越分别向木刻爱好者讲述木刻制作过程、特点和发展史略，并成立平津木刻研究会，成员除上述金肇野等外，尚有王大化、段干青、唐珂、周涛、董化羽以及天津的杨叙才、李捷克、唐达等。

平津木刻研究会的创作主力是许仑音、段干青；发挥着高度组织才能的是金肇野和唐珂。他们在中国现代木刻史上最为突出的贡献，是首次发起和组织了"全国木刻联合展览会"。

1934 年 10 月，该会在北平各报刊出《全国木刻联合展览会筹备处征集作品启事》：

> 木刻运动在中国，日渐复活起来，这都是同好们努力的结果。至于木刻它本身的价值和功用，作者都深刻的明了，用不着我们来赘词。目前中国木刻作品的成熟与否，也不用管它，在这初期的萌芽期中，我们不过做些播种工作而已。它的优劣，前途，也只有社会人士的鉴赏，评判了。现在为着大众的要求，我们做个广播的播种工作，预备 1935 年开始在北平做首次的全国木刻联展，

并准备到天津、南京等处，连续举行，至于作品之征集，凡是国内木刻创作，均所欢迎，但必须在 12 月 25 日前寄到本处，同时我们还准备出刊木刻专刊一册，如有关于木刻方面的宏文巨著，亦望不吝专寄……全国木刻联合展览会谨启。

收件处：北平报子街北辰报社第五号信箱转本处。

启事刊出后首先给以全力支持的是鲁迅。11 月 7 日，他将历年所藏之木刻 32 幅（包括陈葆真、陈烟桥、刘岘、陈铁耕、何白涛、张望、罗清桢、张慧等人的作品）和自费编印之《木刻纪程》一册，一并付邮。11 月 13 日，又将林绍仑寄给他的广东现代版画会的作品 30 幅转寄筹备处。接着上海的温涛、沃渣，广东的李桦、罗清桢，温州的野夫，济南的王绍络等均有作品寄达，展品达 400 幅之多。另，郑振铎允借珍贵中国古刻 60 余帧，又从中德文化协会商借外国名家之作 70 余件，此外还收得中外木刻书画册 30 余种，展品之富，蔚成大观。展品经司徒乔、朱光潜等协助审查，展览迅即就绪。

1935 年元旦，"全国木刻联合展览会"首先在北平太庙（即今之劳动人民文化宫）开幕，展出 1 周，延展 3 日。1 月 17 日，由金肇野携展品奔赴天津，19 日至 22 日，先在河北美术馆展览 4 天，后又移至三八女中继展 3 天；4 月 27 日至 30 日，仍由金携展品移往济南青年会展出 4 天；5 月 12 日至 19 日，金再南下汉口，在国货商场展览 7 天；8 月 15 日至 21 日，展品由唐珂带至太原在海子边公园展出 7 天。所到之处，均举办木刻讲座，宣讲木刻知识，培训木刻人才。据报载：在北平开幕之日，观众冒雪往观者 5000 人次。济南之观众，总数愈万。汉口出展期间，诗人张光年、评论家孔罗荪均予撰文评价。北平《北平晨报》《北辰报》《实报》、天津《庸报》《益世报》《大公报》、济南《民国日报》、汉口《大光报》、太原《山西日报》等，均刊出"木刻专页"，前后多达 40 余种，而各地观众之总数亦在 10 万以上，其影响之巨大和广泛，于此可见一斑。

1935 年 10 月，展品又由金肇野和唐珂携往上海，10 月 10 日至 20 日，在中华学艺社展览 10 天。此后，还欲往南京、保定等地展出，但因金肇野投身"一二·九"运动不幸被捕，不但巡展难以为继，就连鲁迅已经写了序言的《全国木刻联合展览会专辑》，也因木刻原拓被反动军警抄没而不能问世。平津木刻研究会也就至此告终。

平津木刻研究会的骨干们，以其坚韧的努力，点燃了北方版画运动的火把。敌人的压迫虽曾一度迫使他们的活动陷于停顿，但是后起的平津木刻研究会成员接过战友手中的火把，继续奋斗。以他们的作品痛击黑暗、争取光明，并且出色地发动和组织了首届全国木刻联合巡回展览，将北方乃至全国的版画运动推向一个新的高潮，推进到一个新的阶段。他们效仿鲁迅主办木刻讲习会的做法，每到一地，均举办木刻讲座，为我国新兴木刻运动树立了重视人才培养的光荣范例；他们利用版画具有复数性的特点，开创了版画巡展，以扩大其宣传效应和战斗影响的优良传统；他们以不懈的努力为我国新兴木刻运动举行了一次总检阅和总动员，不仅使木刻艺术博得了人民大众的欢迎和喜爱，而且显示了这一艺术运动不怕风吹雨打、百折不挠的强韧的生命力。

广州现代版画会和中国早期木刻运动

在一手扶持平津木刻研究会的同时，鲁迅又一手扶持着广州现代版画会。1934 年冬，当鲁迅从李桦的来信中，得知他主持现代版画会、从事木刻运动的时候，无比兴奋地说："我深希望先生们的团体，成为支柱和发展版画之中心。"[1]现代版画会和平津木刻研究会南呼北应，屡建功勋，有力地推动着中国新兴木刻运动的发展。

现代版画会，全称为现代创作版画研究会。1934 年 6 月 19 日成立于广州市立美术学校。李桦当时是该校的美术教师，加入该会的都是他的学生，他们有唐英伟、赖少其、刘仑、陈仲纲、胡其藻、张影、潘业、张在民等 27 人。就创作木刻作品、出版木刻书刊画册、举办木刻展览之数量来说，在 30 年代，没有任何一个社团可以和现代版画会比肩。

该会规定，每周举行一次内部习作观摩，称为"周展"。每四周选出较优秀的作品在校内展出，称为"月展"。每半月或一月，评选佳作汇印木刻专刊，这就是连续出版了 18 期的《现代版画》丛刊。1934 年 12 月 17 日至 24 日，他们在广州青年会举办了第一次半年展，展出会员作品 316 幅；又于 1935 年 6 月 15 日至 25 日，分别在广东省民众教育馆和中华书局举行了第二次半年展，展出会员之作 286 帧。在第二次半年展中，还附展了中外古典复制版画和版画书刊 800 余件。1936 年起，他们开始将木刻展览由城市输入农村，先后在广东新造民众

1　鲁迅：1934 年 12 月 18 日致李桦信

教育馆（1月1日）、蓼涌民教实验区（1月15日）、高要民众教育馆（2月5日）、龙川民众教育馆（3月25日）、惠州（5月10日）、惠阳第九区（5月25日）、开平（7月1日）举办了七次农村木刻展览。这在中国现代版画史上具有开创的意义。为了开展木刻作品的交流，推动全国木刻运动的发展，该会还分别在河南开封（1936年2月28日至30日）和广西南宁（1936年5月28日至6月4日）举办过两次展览，展出会员木刻作品350余件。此外，在本省和外省所办的会员个人作品展，更是频仍，如李桦作品展，唐英伟作品展，陈仲纲、潘业、赖少其三人木刻展，胡其藻个人木展等。

现代版画会除出版《现代版画》丛刊18期外，还编辑出版了《木刻界》4期，刊登木刻论文，选刊优秀木刻作品，交流全国木刻运动信息，扩大了木刻运动的宣传。1936年初，日本黑白社《版艺术》还出版了由李桦、赖少其、刘仑刻制编辑的《南中国乡土玩具集》和《北中国乡土玩具集》。至于个人版画专辑的出版，则尚有李桦的《春郊小景集》《1934年即景集》《李桦版画集》，赖少其的《诗与版画》《自祭曲》，唐英伟的《青空集》，陈仲纲、潘业、赖少其的《木刻三人展纪念册》，以及《其藻版画集》《张慧木刻集》等。另外还出版过木刻连环画多种，如胡其藻的《一个平凡的故事》和李桦的《黎明》等。

现代版画会的又一杰出贡献，是他们于1936年春夏之交，继平津木刻研究会之后，发动和组织了"第二回全国木刻流动展览会"。

李桦在《全国木刻流动展览会筹备的经过》一文中写道：

> 我们进行的步骤是先于4月1日以"现代版画会"的名义提一个草案，分寄国内外我们所认识的木刻从事者，征求他们的同意。半月后得到了完满的结果，我们接到了复函，除赞同外，并催促我们负起筹备之责……5月10日，根据各方意见，将草案改善完竣后，即进行征集全国作品。日期定至6月底止。在这个期

间作品纷至，刻刻使我们兴奋。到截止期止已收到作品近 600 帧，诚空前盛况。有了作品，我们的流动展览会就略具眉目了。

而最繁重的工作却是与各地木刻从事者接洽展览地点。第一因为我们所认识的同志有限，第二因为来往磋商需时，着着使我们着急。然而 5 月 20 日发出征求负责办理"全木流展"的公函后，答复我们的已有十八九处，到现在止，已确定的轮流地点除广州及其附近各县外，有上海、杭州、南通、如皋、镇江、扬州、南京、嘉兴、宁波、绍兴、象山、石浦、台州、南昌、长沙、汉口、开封、孟县、榆次、太原、桂林、柳州、南宁、梧州等 24 处，在接洽中的有济南、天津、北平、西安、成都等处。为着要达到木刻更大众化的目的，我们更希望 "全木流展"能多到小城镇去，深入农村……[1]

1936 年 7 月 5 日至 10 日，第二回全国木刻流动展览会，首先在广州中山图书馆展出。展品有单幅木刻 271 帧，连环木刻 319 幅。因上海、南昌、南京等方面的 90 幅作品尚在途中，太原、开封、济南等地的作品亦迟到，均未及出展。广州展出后，移展于杭州、绍兴。1936 年 10 月 2 日至 8 日，又在上海基督教青年会展出。其时，鲁迅已被病魔缠身，难于外出，但到展览会行将结束的 10 月 8 日那天，他仍扶病往观。当看到李桦的木刻连环画《黎明》时，因多达 90 幅，鲁迅便说，"连环画是无须这么多的"，"最好是二三十幅"，"短小精悍往往比长篇大著有力"，"作家应该宝贵自己的精力和时间"。由于李桦当时受德国表现主义作风的影响，《黎明》中人物的脑门都刻得比较低，鲁迅又说："怎么他刻的人物通通都是额门这么低的，难道广东人的额门都是这么低的吗？"[2] 观

1　李桦：《全国木刻流动展览会筹备的经过》，见《木刻界》第 4 期。
2　见陈烟桥：《鲁迅与木刻》

赏之余，鲁迅欣慰地说，就总体而言，这回"自然比前进步了"[1]。接着他又和在场的青年木刻家陈烟桥、曹白、林夫、黄新波以及吴渤亲切座谈，就木刻创作的真实性和作家的修养等问题，发表了精辟的意见。他说：

> 刻木刻最要紧的是素描基础打得好！作者必须天天到外面或室内练习速写才有进步，到外面去速写，是最有益的，不拘什么题材，碰见就写，写到对方一变动了原来的姿态时就停笔。现代中国木刻家，大多数对人物的素描基础是不够的，这样，很容易看得出来，以后希望各作者多努力于这一方面。又若作者的社会阅历不深，观察不够，那也是无法创作出伟大的艺术品来的。又，艺术应该真实，作者故意把对象歪曲，是不应该的。故对任何事物，必要观察准确，透彻，才好下笔；农民是纯厚的，假若偏要把他们涂上满面血污，那是矫揉造作，与事实不符。[2]

鲁迅这回和青年木刻家们欢聚、畅叙达3小时之久。座谈时由摄影家沙飞拍照留影数幅。这些珍贵的留影，记录了导师和木刻青年们最后的一次欢聚，也是鲁迅一生最后的留影。这次流展结束后，展品又在抗战全面爆发前后，于南通、嘉兴等10余城镇继续展览。尽管因为抗战全面爆发前后时局动荡不安，一些城镇未能按原定计划举办流展，甚至连主办者李桦后来也不知展品的下落，但这次规模宏大的流展的影响和意义仍十分深远。

如果说，平津木刻研究会举办的首次全国木刻联合展览会，是由北向南地扩大木刻的全国性的影响，那么，现代版画会所主办的第二回全国木刻流动展览会，则是由南向北地宣示木刻运动的巨大的威力。这两次展览，都能打到上海去，其意义尤为不凡。这不但是木刻青年们向自己的导师鲁迅所作的两次成功的汇报，

1　见陈烟桥：《鲁迅与木刻》
2　见陈烟桥：《鲁迅与木刻》

而且是他们以艺术的实绩来挫败国民党反革命文化"围剿"的两次巨大的胜利。它既促进了上海版画运动的再次复苏，又为日后抗战版画运动的发展进行了两次战前的动员。

鲁迅对我国萌芽期木刻的评议

　　鲁迅在《批评家的批评家》一文中说："我们曾经在文艺批评史上见过没有一定圈子的批评家吗？都有的，或者是美的圈，或者是真实的圈，或者是前进的圈。没有一定的圈子的批评家，那才是怪汉子呢。"这看似毫不经意列举的三个圈子，其实正是"真实""前进""美"，即所谓真善美统一的文艺评论的美学标准。鲁迅挚友许寿裳先生在议及鲁迅精神时指出："鲁迅为反对不真、不善、不美而毕生努力奋斗，以期臻于真善美的境界，虽遭过种种压迫和艰困，至死不屈。"（见《鲁迅回忆录》上册 506 页）足见，真善美统一的境界，正是鲁迅不断追求的美学理想。这一审美理想不仅贯穿在他人生的方方面面，更体现在他全部的艺术活动之中。不消说，鲁迅对我国萌芽期木刻作品的评议，也贯穿着他真善美统一的美学理想和批评标准。

　　在鲁迅倡导新兴木刻运动的 20 世纪 30 年代，我国的美术学校中并没有版画专业，连美术学校的教授们也不晓得新兴木刻是怎么一回事。所以，木刻青年们每有新作，大都寄请鲁迅指导或推荐发表。这样，鲁迅便成为我国萌芽期木刻的最早的批评家和最大的收藏家。他的评论散见于他为青年们的木刻画集所撰写的序引中以及他给数十位青年木刻家的回信中。在序引中，鲁迅大多是从正面阐明新兴木刻的意义及其发展前景。例如，他指出新兴木刻是"在榛莽中露出了日见生长的健壮的新芽"，"惟其幼小，所以希望就正在这一面"（见《一八艺社习作展览会小引》）；又说，"新的木刻是刚健，分明，是新的青年的艺术，是好的大众的艺术"（见《〈无名木刻集〉序》）。在书信中，鲁迅则侧重指出具体作品的成败得失，给木刻青年们以正确的指引。他所评议的作品约有百幅之多，本文将摘要引述，必要时，也把木刻作品一并介绍，以期收到图文对读、一目了然的效果。

鲁迅认为真实是艺术的生命。他说过："'讽刺'的生命是真实。"（见《什么是"讽刺"？》）。也就是说，如果艺术是失真的东西，那就会失去艺术美的基础，其艺术生命也就丧失了。鲁迅把和"真相""真情"相对立的"虚假"和"虚伪"，视作艺术的大敌。他大声疾呼："中国人向来因为不敢正视人生，只好瞒和骗，由此也生出瞒和骗的文艺来，由这文艺，更令中国人更深地陷入瞒和骗的大泽中，甚而至于已经自己不觉得。世界日日改变，我们的作家取下假面，真诚地，深入地，大胆地看取人生并且写出他的血和肉来的时候早到了；早就应该有一片崭新的文场，早就应该有几个凶猛的闯将！"（见《论睁了眼看》）鲁迅所要求的真，包括两层含义，其一是说艺术必须真实地再现客观的社会生活，即必须准确地描绘客观对象，反映真相；其二是要求在再现客体时要注入作家真挚的感情，使之鲜明、生动、有真情。对于文学作品是如此，对于美术、木刻也同样。鲁迅之所以一再赞扬苏联的木刻，就在于他们的作品"注意于背景和细致的表现"（即描绘了客观的真实），"作品里各各表现着真挚的精神"（即融入了作家的真情），达到了社会生活真实和作家感情真挚的和谐一致。因此，鲁迅认为，这样的艺术品是足以惊起向来不求形似的中国青年艺术家们"懒惰和空想的警钟"，非常值得学习和借鉴。

在对我国萌芽期木刻的评骘中，见得最多的就是鲁迅要求真实地描绘客观景物和人物。例如，他批评何白涛的《午息》中的牛刻得像是一个坐着的人了。又如，他指出罗清桢的《挤兑》"不能确然显出银行"的特点，《法国公园》（又名《扫叶工人》）中"一个工人的脚，不大合于现实"，《劫后余生》中蹲着的女人的身体"太大了点"。再如，他批评陈铁耕《岭南之春》中的牛头"太大"，陈烟桥《汽笛响了》，画面上"烟囱太多"，就都是要求作品准确地再现客体的真实。最为典型的失真之作，恐怕要数陈烟桥的《游击队》了（见图11）。鲁迅在 1934 年 3 月 28 日致陈烟桥的信中，指出其缺点如下：

> 一、背景，想来是割稻，但并无穗子之状；二、主题，那两
> 人的面貌太相像，半跪的人的一足是不对的，当防敌来袭或豫备
> 攻击时，跪法应作﹁，这才易于站起。

对照插图，我们不难看出鲁迅的批评是多么中肯。那时的木刻青年，普遍缺乏素描的功力，且有忽视艺术技巧的倾向，常常连真实地描绘客体的要求也难以达到，倘再要求将作者真挚的感情也表现在画作中，那就更加难以胜任了。鲁迅在致何白涛的信中，指出他的木刻《望》"内容却不过是'等待'而无动作，所以显出沉静之感"，而《田间十月》中"主要的打稻人太近于静止状态"；在写给张影的信中，批评他的《奔波》（见图 12）"虽是以'奔波'为题目，而人物还是不见奔忙之状"，都是指作者未能真实地表现人物的动态和神情，未能将客体的真相和作者的真情很好地加以结合。自然，鲁迅对那些比较充分地体现了艺术真实性的作品也常常给予赞扬。例如，他表扬何白涛的《上市》很好地表现了挑担者"苦于生活的神情"，而张望的《负伤的头》既表现出画面人物的战斗意志，也掺入了作者的真挚的感情，因而是当时"最好"的木刻作品。

真实性的要求，不仅体现在反映现实生活的作品中，就是以历史题材作画，也必须符合历史的真实。苏联木刻家波查尔斯基有过一幅《鹦哥故事》的插图（见图 13），鲁迅曾将它收入《引玉集》中。这幅插图所表现的是中国清代以前的社会生活，但作者给画中的男人们都拖了一条辫子。鲁迅尖锐地指出："那时中国还没有辫子，而作者却给我们拖起来了，真可笑。"（见 1934 年 5 月 31 日致杨霁云信）。为了纠正这种违反历史真实的失误，鲁迅特意购寄了几种中国古装人物的画本给苏联木刻家，以期其从中受到启示。又，鲁迅翻印《死魂灵一百图》，目的之一，正是为了献给中国的插图家，"借此看看别国的写实的典型"，否则，俄国 19 世纪中流社会的风尚，诸如"闺秀们的高髻圆裙""三匹马拉的篷车"等等，

图11　游击队　陈烟桥

在中国木刻青年的画面上，也难免会变成"旗袍""牛车"之类，闹出同类的笑话。

　　既然真实是艺术的生命，那么，怪异就是艺术的大敌。对于客体的歪曲的表现，不但不能给人以真实感和美感，更无法使作家真挚的感情熔铸其中，唤起读者的爱憎。为此，鲁迅在倡导新兴木刻的同时，对于西方现代派的画风便竭力加以抵制。他曾指出："欧洲的各个新画派有一个共同倾向，就是崇尚怪异。我国青年画家也好作怪画，造成了画坛的一片混乱。怪并不是好现象。"又说·"新派画摒弃线条，谓之线的解放，形的解放。未来派的理论更为夸大。他们画中所表现的，都是画家观察对象的一刹那的行动记录。如《裙边小狗》《奔马》等都有几十条腿。因为狗和马在奔跑的时候，看去不止四条腿。此说虽有几分道理，毕竟过于夸大了。这种画法，我以为并非解放，而是解体。因为事实上狗和马等都只有四条腿。所以最近有恢复写实主义的倾向，这是必然的归趋。"（见《在

图 12　奔波　张影

上海中华艺术大学的讲演》）

　　在抵制西方现代派画风的同时，鲁迅还批评了革命美术队伍内部的另一种怪异倾向。鲁迅说："而别一派，则以为凡革命艺术，都应该大刀阔斧，乱砍乱劈，凶眼睛，大拳头，不然，即是贵族。"（见 1934 年 6 月 2 日致郑振铎信）这派当以叶灵凤为代表。鲁迅在《上海文艺之一瞥》中说："我们的叶先生的新斜眼画，正和吴友如的老斜眼画合流，那自然应该流行好几年。但他也并不只画流氓的，有一个时期也画过普罗列塔利亚，不过所画的工人也还是斜视眼，伸着特别大的拳头。但我以为画普罗列塔利亚应该是写实的，照工人原来的面貌，并不须画得拳头比脑袋还要大。"这种怪诞倾向，在新兴木刻的创作中，也有反映。1933年 7 月 18 日，鲁迅在致罗清桢信中就说："高徒的作品，是很有希望的……《五一纪念》却是失败之作，大约此种繁复图像，尚非初学之力所能及，而颜面软弱，拳头过大，尤为非宜，此种画法，只能用为象征，偶一驱使，而倘一不慎，即容易令人发生畸形之感，非有大本领，不可轻作也。"在评论陈烟桥的《汽笛响了》（见图 14）时，鲁迅又指出："刻劳动者而头小臂粗，务须十分留心，勿使看者有'畸

图 13
《鹦哥故事》插图
波查尔斯基

形'之感，一有，便成为讽刺他只有暴力而无智识了。"（见 1934 年 4 月 5 日致陈烟桥信）这些评论是对艺术真实性原则的捍卫，也是对木刻艺术现实主义创作原则的坚持。

鲁迅在向木刻艺术要求着真实的同时，又要求着有用，即木刻艺术应当成为帮助人民推动社会变革和前进的工具，成为助善除恶的武器。鲁迅从步入文艺战线的第一天起，就从来不是一个"为艺术而艺术"的论者。他写小说是为了改良人生，改良社会；他介绍域外小说，也并非是拔了海外的奇花异草，来移植于我们的艺苑，而是要"传播被虐待者的呼声和激发国人对于强权者的憎恶和愤怒"。鲁迅倡导新兴木刻运动，是在他成为共产主义战士之后的事，他当然毫不讳言艺术的功利作用。他说过"文学是战斗的"，又因为"战斗一定有倾向"，所以各阶级都必然要把艺术作为工具，为自己开拓前进的道路。

在昭示中国新兴木刻的服务方向时，鲁迅坚定地指示了为人民服务的方向。他说，木刻"本来就是大众的"艺术，"俗人"的艺术。在《〈新俄画选〉小引》中，鲁迅指出："当革命时，版画之用最广，虽极匆忙，顷刻能办。"在1935年6月29日致唐英伟信中，他又说过，木刻之用在于"助成奋斗，向上，美化"。在《〈木刻创作法〉序》中，还指出，木刻"用在刊物的装饰，文学或科学书的插画上，也就成了大家的东西……"。因此，鲁迅才断言，我国的新兴木刻运动是应了"作者和社会大众的内心的一致的要求"，才"发展得如此蓬蓬勃勃"的。（见《〈全国木刻联合展览会专辑〉序》）

鲁迅介绍外国的版画，正是按照这个要求来加以选择的。他那样推崇珂勒惠支，是因为她的作品，是"为一切被侮辱和损害者悲哀，抗议，愤怒，斗争；所取的题材大抵是困苦，饥饿，流离，疾病，死亡，然而也有呼号，挣扎，联合和奋起"（见《〈凯绥·珂勒惠支版画选集〉序目》）。他对苏联版画刮目相看，是因为从中除了看见"暗黑的政治和奋斗的大众"，还可以"令人抬起头来，看见飞机，水闸，工人住宅，集体农场"，"令人觉得一种震动——这震动，恰如用坚实的步法，一步一步，踏着坚实的广大的黑土进向建设的路的大队友军的足音"（见《记苏联版画展览会》）。这样，欧洲的版画艺术在输入中国以后，就不但不是供给雅人们用作摆设的花草，反而成为浸入艺术青年心髓的、启示他们认识中国社会的、创造鼓舞人民前进的木刻艺术的教材和范本。

在中国新木刻作品中，郑野夫的《黎明》、力群的《采叶》等作品，确实反映了人民的劳苦、饥饿；张望的《负伤的头》，又启示人们，为了生存，必须战斗。鲁迅肯定和赞扬这些作品，正反映了他对木刻艺术功利作用的重视。

为了充分地发挥新兴木刻助善除恶的功利作用，给新兴木刻运动开拓前进的道路，鲁迅展开了紧张的战斗。他自费出版了《木刻纪程》，将一批新作介绍给社会；他征集58幅木刻送往巴黎"革命的中国之新艺术"展览会展出，使新

图14 汽笛响了 陈烟桥

兴木刻产生了世界性的影响；他鼎力支持了中国木刻青年们所创办的"全国木刻联合展览会"和"第二回全国木刻流动展览会"，使新兴木刻运动开展得有声有色，轰轰烈烈，为大众所欢迎，使敌人惊恐。与此同时，鲁迅又同国民党反动派迫害木刻运动的种种丑行展开了坚决的斗争。青年木刻家曹白，因为刻了一张《卢那察尔斯基像》，便被逮捕、判刑，坐牢两年有余。鲁迅愤怒地说："为一张文学家的肖像，得了这样的罪，是大黑暗，也是大笑话。"他据曹白的这一不幸遭遇写了杂文《写于深夜里》，向全世界揭露了国民党反动派的这一丑行。另外，曹白的木刻《鲁迅像》（见图15），在1935年全国木刻联合展览会展品送审之际，上海市党部的"老爷"便指着这一件作品说："这不行！"把它从展品中"剔去了"。鲁迅在论及这幅肖像时说道："以技术而论，自然是还没有成熟的。但我要保存这一幅画，一者是因为是遭过艰难的青年的作品，二是因为留着党老爷的蹄痕，三，则由此也纪念一点现在的黑暗和挣扎。"又气愤地表示："倘有机会，也想发表出来给他们看看。"（见1936年3月21日致曹白信）

在同敌人的迫害展开针锋相对的斗争的同时，鲁迅还从木刻运动的斗争策略以及木刻创作的题材选择等方面，给艺术青年们以指导。青年木刻家刘岘，将《马克思像》用作画集的封面，鲁迅便批评说："单是题材好，是没有用的，还是要技术；更不好的是内容并不怎样有力，却只有一个可怕的外表，先将普通的读者吓退。例如这回无名木刻社的画集，封面上是一张马克思像，有些人就不敢买了。"（见1934年4月19日致陈烟桥信）那时的木刻青年，十分重视艺术的战斗作用，但往往又把这一作用理解得非常简单、片面，以为只有一味强调"战斗"，这才称得上是前进。他们素描功力薄弱，忽视基本练习，重视表现人物而不愿"染指"风景、小品和静物。针对这种情形，鲁迅不止一次地指出，"木刻的根柢也仍是素描……"（见1934年12月18日致金肇野信）。又说：为了使木刻能够存在，"内容不妨避忌一点，而用了不关大紧要题材先将技术磨练起来。所以我是主张也刻风景和极平常的社会现象的"（见1935年1月18日致段干青信）。对于赖少其《诗与版画》中的木刻小品，鲁迅赞扬说："幅幅都刻得好，很可爱的。用版画装饰书籍，将来也一定成为必要，我希望仍旧不要放弃。"（见1935年1月18日致赖少其信）由此可见，鲁迅深刻地洞察了艺术功利作用的广阔性，主张艺术题材的多种多样和艺术风格的丰富多彩。

鲁迅还认为，木刻艺术除了真实、有用之外，还必须是艺术，必须美观，如果不能唤起大家的美感，也就不成其为艺术，不能通过美感作用，达到功利的目的。艺术美的创造是个十分复杂的课题，诸如观察生活能力的培养、素描功力的训练以及构图法则的谙熟等等，鲁迅都曾谈及。不过，从艺术发展的战略高度出发，鲁迅最为关注的却是木刻艺术的民族化问题。

"只有民族的，才是世界的"，这似乎已成为当今人们评论艺术的一个共识了。报刊上这样登，电视上如此讲。其实，最初讲出这个意思的不是别人，正是鲁迅。那原话是这样的："现在的文学也一样，有地方色彩的，倒容易成为世界的，即为别国所注意。打出世界上去，即于中国之活动有利。可惜中国的青年艺术家，大抵不以为然。"（见 1934 年 4 月 19 日致陈烟桥信）

在论及木刻时，鲁迅同样强调了这一观点。他赞扬何白涛的木刻"很可见中国的特色"，并指出："现在的世界，环境不同，艺术上也必须有地方色彩，庶不至于千篇一律。"（见 1934 年 1 月 8 日致何白涛信）在另一信中又说："我以为中国新的木刻，可以采用外国的构图和刻法，但也应该参考中国旧木刻的构图模样，一面并竭力使人物显出中国人的特点来，使观者一看便知道这是中国人和中国事，在现在，艺术上是要地方色彩的。从这一种观点上，所以我以为克白兄的作品中，以《等着爹爹》一幅为最好。"（见 1933 年 12 月 19 日致何白涛信）

图 15　鲁迅像　曹白

鲁迅为什么一而再、再而三地强调木刻艺术的中国特点、地域特色和民族风格呢？就因为新兴木刻是从欧洲移植来的画种，要它在中国生根、开花和结果，就必须使它民族化，方能为人民大众所接受、欢迎和喜爱，方能重新走向世界。而且，在事实上，我国早期的木刻也确实存在着相当严重的欧化倾向。叶圣陶在《抗战八年木刻选集·序》中曾经指明："在木刻艺术刚介绍进来的时候，我国的一些作品脱不了模仿，某一幅的蓝本是外国的某一幅，某人的作品依傍着外国的某一家，几乎全可以指出来……学习任何艺术，总得经过模仿的阶段。重要的是始于模仿而不终于模仿，模仿只作创造的准备。"针对这种情况，鲁迅在评议我国早期木刻作品的成败得失的同时，除了指导青年艺术家向生活学习之外，更强调要吸取我国古典和民间艺术之所长，引导新兴木刻向着民族化的道路前进。鲁迅表扬陈铁耕（即克白）的《等着爹爹》（又名《母与子》）为当时"最好"的木刻之一，因为所表现的人物和世态都是中国的，画面中母亲所坐的竹椅，壁上悬吊的竹篮，充分显示了我国江南的地域特色。鲁迅赞赏李桦木刻的成绩"极好，最好的要推《春郊小景》，足够与日本现代有名的木刻家争先"，因为这作品不仅"是为宋元以来的文人的山水画所涵养的结果"，而且继承了我国古典水印版画的技术，开启了现代水印木刻的先河（见图16）。在写给李桦的信中，鲁迅特别指示："倘参酌汉代的石刻画像，明清的书籍插画，并且留心民间所赏玩的所谓'年画'，和欧洲的新法融合起来，许能够创出一种更好的版画。"（见1935年2月4日致李桦信）之所以要"参酌汉代的石刻画像"，是因为它多以人物和故事为题材，艺术风格深沉雄大；之所以要借鉴"明清的书籍插画"，是因为明代是我国古典木刻之"盛世"，明清书籍插画、画谱、笺谱皆系版画；之所以看重民间年画，是因为年画均以木版水印，反映了农民的意愿。总之由此陶冶而出的新的木刻和大众更亲近、更具民族特色，也更具东方之美，因而也就更容易走向世界，有可能成为"一种更好的版画"。

从上述评议中，我们不难看出，鲁迅所倡导的中国新兴木刻艺术，是一种以真实性为基础、以功利性为特点、以独具民族特色的审美性为归宿的革命现实主义的艺术。毫无疑问，这种革命现实主义是鲁迅为我国的版画艺术家们所开拓的一条正确而广阔的艺术道路。

图16　春郊小景·细雨　李桦

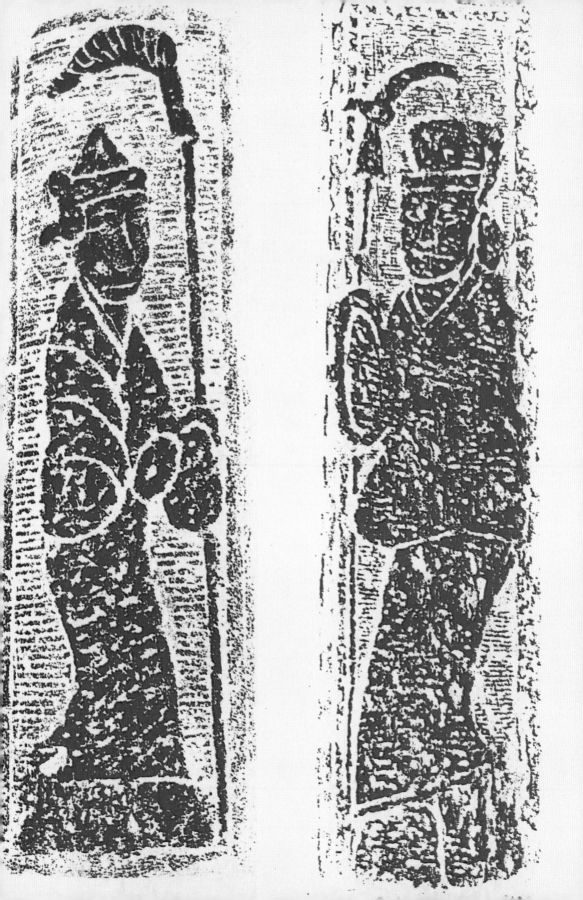

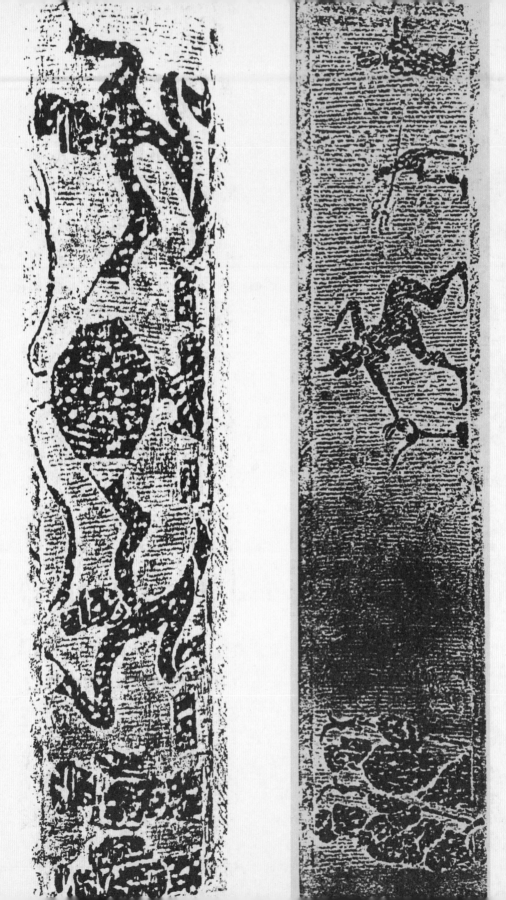

鲁 迅 与 南 阳 汉 画 像

汉代,是我国历史上经济长足发展、文化灿烂辉煌的一个时代。汉画像是汉代人民创造的我国民族文化宝库中的一份弥足珍贵的遗产。

作为革命家、思想家和文学家的鲁迅,自然是一位面对现实的伟人。他毕生注意研究历史,关注历史文化和历代艺术,从中汲取精华,并结合现实的需要,有力地推动着新文艺运动的发展。鲁迅不但是我国新文化运动的旗手,而且是我国新兴木刻运动的导师。他在 20 世纪 30 年代,一手伸向文学青年,一手扶持木刻艺徒,辛勤地培育着文艺之花。他对汉画像,特别是南阳汉画像格外看重,勤于搜求,并计划编印出版,颇费了一番心。因而,了解鲁迅搜集南阳汉画像的概况,研究他的藏品所展现的汉代社会生活和所达到的艺术水平,探讨他搜集和选印汉画像的动机和目的,对于继承优秀的民族遗产,繁荣当今的艺术创作来说,也是一件十分必要和有益的事情。

本文就上述问题,谈谈粗浅之见,以就教于专家和学者。

一、关于鲁迅搜集南阳汉画像的概况

鲁迅对于汉画像的收集,似始于民国初年。《鲁迅日记》1913 年 9 月 11 日所载"胡孟乐贻山东画像石刻拓本十枚",便是佐证。其后,不断搜求,所藏达 400 幅之多。不过,这些画像,不论是友人赠送还是自己买进,大部分都是山东画像石的拓品。对于南阳汉画像的锐意搜求和大量托购,为时较晚。这是因为南阳汉画像直到 1923 年,才被著名考古学家董作宾(南阳人)发现。1927 年至

1929 年，张中孚先生访拓宛境金石于荒桥古寺之中，先后共得 40 石，后由河南省博物馆馆长关百益编成了《南阳汉画像集》一书。我们注意到：1930 年 11 月 15 日，周建人曾为鲁迅购得关百益编、上海中华书局印行的《南阳汉画像集》一本。不过，这时大量收集的工作也未开始，这是因为他身居上海，一时找不到可以代为觅拓的适当人选。直到 1935 年至 1936 年间，才通过友人台静农、王冶秋转托杨廷宾、王正朔和王正今在南阳为他觅拓。他在 1934 年 6 月 9 日致台静农的信中说：

> 对于印图，尚有二小野心。一，拟印德国版画集，此事不难，只要有印费即可。二，即印汉至唐画象，但唯取其可见当时风俗者，如游猎，卤簿，宴饮之类，而着手则大不易。五六年前，所收不可谓少，而颇有拓工不佳者，如《武梁祠画象》，《孝堂山画象》，《朱鲔石室画象》等，虽具有，而不中用；后来出土之拓片，则皆无之，上海又是商场，不可得。兄不知能代我补收否？即一面收新拓，一面则觅旧拓（如上述之三种），虽重出不妨，可选其较精者付印也。

不过，这里也还未提及南阳汉画像。到 1935 年 5 月 14 日则在写给台静农的信中表示："收集画象事，拟暂作一结束。"一者是因为佳品难得，再者是"因年来精神体力，大不如前，且终日劳劳，亦无整理付印之望，所以拟姑置之"。但当台静农来信表示可代为收集南阳汉画像时，鲁迅则于同年 8 月 11 日复信说：

> 南阳画像，也许见过若干，但很难说，因为购于店头，多不明出处也，倘能得一全份，极望。

特别是在这年 11 月间，鲁迅先后收到台静农和王冶秋的来信以及台静农所寄《南阳汉画像访拓记》一书之后，选印汉画像的旧念又重新涌上心头。为此，他在信中对台静农说：

> 印行汉画，读者不多，欲不赔本，恐难。南阳石刻，关百益
> 有选印本（中华书局出版），亦多凡品，若随得随印，则零星者多，
> 未必为读者所必需，且亦实无大益。而需巨款则又一问题。

> 我陆续曾收得汉石画象一箧，初拟全印，不问完或残，使其
> 如图目，分类为：一，摩崖；二，阙，门；三，石室，堂；四，
> 残杂（此类最多）。材料不完，印工亦浩大，遂止；后又欲选其
> 有关于神话及当时生活状态，而刻划又较明晰者，为选集，但亦
> 未实行。南阳画象如印行，似只可用选印法。

但此信发出后的第 3 天，即 1935 年 11 月 18 日，鲁迅又致函王冶秋说：

> 又汇票一纸三十元，希向商务印书馆分馆一取……此款乞代
> 拓南阳石刻，且须由拓工拓，因为外行人总不及拓工的。至于用纸，
> 只须用中国连史就好（万不要用洋纸）……

其后，台静农和王冶秋就转请当时在南阳教书的杨廷宾和在南阳从事地下斗争的王正朔和王正今，开始为鲁迅拓印汉画像。

据《鲁迅日记》所载，他收到南阳汉画像的情形如下：

一、1935 年 12 月 21 日：得南阳汉石画像拓片 65 枚，杨廷宾君寄来。

二、1936 年 1 月 28 日：得南阳汉画像拓片 50 幅，杨廷宾君寄来。

三、1936 年 4 月 9 日：得汉画像石拓本 49 枚，南阳王正今寄来。

四、1936 年 8 月 17 日：得王正朔信并南阳汉石画像 67 枚，夜复。

以上 4 次所得，总计 231 幅。鲁迅收到后，颇为兴奋。他在写给台静农的信中，称赞杨廷宾所寄拓片"纸墨俱佳……将来如有暇豫，当并旧藏选印也"。第

4次收到拓片后，他还连夜复信给王正朔说："桥基石刻，亦切望于水消后拓出，迟固无妨也。"然而，不料两个多月后，死神便无情地夺走了鲁迅的生命，使他选印画像的夙愿未能实现。

二、对于鲁迅所藏南阳汉画像之巡览

汉代的中国是一个地主阶级统治的封建帝国。南阳是东汉第一个皇帝刘秀的故乡，也是中原政治、经济和文化的一个中心。据吴曾德《汉代画像石》一书统计：两汉时代被封在南阳的侯王共47个，有3个皇后和1个贵人是南阳人，此外还有不少皇亲国戚、名将功臣活动在南阳地区。

汉代崇尚厚葬。大大小小的统治者生前享尽荣华富贵，幻想长生不老，死后奢华铺排，加倍厚葬。他们往往是在活着的时候，就选择墓地、修造墓室，执意将在人世的威福、玉帛及寻欢作乐的生活移入地下，供死后继续享用。所以，地下墓室的建筑，实际上是地上人生的一个或大或小的缩影，是地上建筑向地下的发展和延伸，汉画像则是这种地下建筑艺术的一个组成部分。

汉代艺术与商周、春秋战国时代艺术的显著不同，就在于它不只是以动物形象和图案花纹装饰器物，乃是重在以或动或静的人物形象来反映和表现社会生活。不言而喻，展现这种社会生活必然是以地主阶级为轴心的。尽管豪强地主和达官贵人的形象，除了在宴饮、卤簿、田猎等部分画像中出现外，所见寥寥，然而，农民是要为他们交租的，侍仆小吏是要为他们效劳的，舞乐杂伎是为他们献演的，就连表现神话和历史故事的画像，也都渗透着他们的意识形态，反映着他们的种种愿望。

在鲁迅珍藏的南阳画像中，以人物形象为主体的（不包括人首龙身的伏羲、女娲和人物不占主体地位的兽斗等作品）有百余幅，约占一半。其中侍仆小吏最多，有80余幅。侍仆小吏中又分《拥彗者》（见图17）、《持盾者》、《执金

图 17　拥彗者　佚名　　　　　　　　图 18　持戟者　佚名

吾者》、《持戟者》（见图18）、《捧笏者》、《持节者》和《持钺者》等等。拥彗，是迎宾的一种礼节，侍仆将扫帚上举，示意在宾客来临之前，主人已经将宫室打扫得干干净净。盾，是防卫性的武器，持盾者，大约是墓主人生前的门吏和保镖。金吾也是一种武器，司隶校尉、御史大夫一类的官才配享用，执金吾者多是在车骑出行和宴饮之时出现，以显示主人的地位非同一般。笏，是文职官员使用之物，双手捧笏，一般是表明自己忠于主人，恪尽职守，同时，笏板可以记事，以便随时记下主人的命令。所以，捧笏者应是墓主人的下属官吏，或者是表明墓主人在生前是相当高级的文职官员。戟，又称棨戟。配享者多系出征将帅，均有生杀之权，可以随时诛斩下属。有这类画像的墓室，表明墓主人生前的身份应是武将，而非文臣。节，即符。有龙节、虎节、人节等多种，均为两半合成。一半在宫廷府宅，一半由使用者保存，往往是在朝廷派出特使巡视郡国、出使异邦时用之，配享者多系使臣。钺，有元钺（铁质）和黄钺（金质）两种。配享前者的墓主人是诸侯，后者则系帝王。凡此种种，均表明墓主人虽然已经死去，但他仍要像生前那样，让侍从和下属簇拥在他身旁为他效力。

舞乐杂伎，是供汉代统治阶级寻欢作乐、解闷消遣的工具，在已经出土的画像中占有相当的比重。鲁迅的藏品中，有20余幅是这类作品，而《建鼓舞》则占10幅之多。由此可见，这种舞乐在当时的宫廷和上流社会是颇为流行的。建，树立也。是以一木柱将鼓树立于舞台，舞者边击鼓边跳舞，为舞乐的场面增添欢乐的气氛。在这类汉画像中，有的是建鼓居中，两旁各有舞者一人；有的是两侧人数不等，靠近左右鼓侧的两人有击鼓之姿、起舞之态，而其他人则或翩翩起舞，或撞钟吹笛，或表演杂技，并无击鼓动作。可见，击鼓者既是舞蹈者，又是鼓乐演奏者，而建鼓则是控制乐曲节奏、并通过乐曲节奏来协调演员舞姿的一种主要的乐器（见图19）。假使这一推断不错，那么，这种边击鼓边舞蹈的演员，大约就是这种舞乐的核心人物和主要角色了。

车骑出行和狩猎，在汉画像中也是常见的一种，但在鲁迅的藏品中仅有1幅。

这就更显得十分珍贵。这幅画像，前后共4排车马。自左至右，第1和第3排是骑吏，中间（即第2排）是一辆3匹马的车舆，内坐2人，应是这次出行的主人及其夫人。第4排是骑从，他们执矛张弓，以示主人出行的威风，亦可能是表示其主人将去田猎。据《后汉书·舆服志》载：皇太后、皇太子、皇子、长公主出行，车驾配3匹马。这样看来，这幅画像的墓主人，当具有上述身份之一。

历史故事是汉画像中颇为常见的题材，诸如《孔子见老子》《聂政刺侠累》《荆轲刺秦王》《范雎与须贾》《鸿门宴》等等。但在鲁迅的藏品中仅有两三幅，可以确认的是一幅《二桃杀三士》（见图20）。故事出典于《晏子春秋》：大意是公孙接、田开疆、古冶子三勇士事齐景公，因为对晏子失礼，晏子要景公杀掉他们，那办法是送两个桃子，叫他们按功争食，自相残杀。画像为长条横幅，内画5人。居中置一高足勺状盘，放着两个桃子，一勇士正伸手取桃，当为公孙接。左侧之2人，距高足盘较近者是田开疆，他后面的是古冶子。画面右侧之端盘站立之人，是送来桃子的侍仆，脚踏石块者，当为替景公执行任务的官吏。故事的结局是先后争功争桃的公孙、田二位因为愧不如古冶子功劳大而自杀了，古冶子目睹惨相，也痛不欲生，拔剑自刎了。齐景公和晏子为维护统治秩序而诛杀功臣，三勇士谁都没能识破他们设计杀人的阴谋，却以死维护了自己的声誉。他们的侠义之心感人至深，这故事也不胫而走，流传广远。石刻画像中的这一故事，正表现了汉代人对他们的称颂。

特别值得注意的是，在鲁迅的藏品中，还有一幅《持钺者》和一幅《双环人物图》，刻画了外国人或者是少数民族的人物形象。两者都头饰尖角，深目高鼻。如果这一判断没有失误，那就说明汉代的南阳已经开始与国外或少数民族通商或保持着某种政治和军事的交往。

汉代是我国古代天文学大发展的时期，汉画像也在一定程度上反映了当时天文科学的成就。这类画像，鲁迅藏有9幅。其中表现天文神话的有《一日方至一日方出》（见图21）、《玉兔捣药》各2幅。这些作品曲折地反映了古人对天

图 19　建鼓舞　佚名

图 20　二桃杀三士　佚名

象的观察、思考和解释。此外，还有 2 幅《东官苍龙星座》，画面是一条龙，围绕在其四周的是 15 颗星，画面左上部，是一轮圆月，内刻玉兔和蟾蜍，它反映了古人对月亮运行规律的思考。

有关神话传说的拓片，鲁迅藏有约 20 幅之多。仅《伏羲女娲》就占去 18 幅，此外还有一幅《西王母和东王公》。伏羲氏结绳为网，教人们捕鱼，早已是大家熟知的古老的神话；女娲育化男女，炼五彩石补天的传说，亦家喻户晓。拓片中的伏羲女娲，有的是分刻在两块相对应的石块上，有的则将他们合刻在一块石材上。他们头戴冠帽，身着宽袍，腰部以下是龙躯（或蛇躯），有的还在躯侧画一双爪，合刻在一起的，则下躯交缠。这似乎表明在汉代流行的传说中，伏羲和女娲不是兄妹，而是夫妻了。他们既然是创造人类、造福于人的始祖，自然会获得后人的尊崇。将他们的形象刻入墓穴，乃是为了托庇神明保佑死者，并继续为他们赐福。

汉代的统治阶级幻想长生不死或死后升天，因而神话传说中独具不死之药的西王母便被他们引为知己，顶礼膜拜。不死药据说是从昆仑山上的一株不死树上采摘原料，再由玉兔捣制而成。因为西王母是女神，人们仿佛觉得她孤独，便又附会出东王公来与她匹配，所以在汉画像中他俩常处于相对应的位置上，有如我们今天的结婚照一般。鲁迅藏品中的《西王母和东王公》便是相对跪坐在一只"豆"形的几上，他们的下部有一玉兔正在捣药，上部是巨鸟和乘骑的图案（见图 22）。

在鲁迅的南阳汉画像藏品中，对于"四灵"和兽斗的刻画，约有 80 幅，为数不可谓少。对于"四灵"的说法，古人也并不统一。从汉画像来看，应当是苍龙、白虎、朱雀（即凤凰）、玄武（即龟）。但古人也有把麒麟、鸾鸟、熊、龟蛇的合体分别归入"四灵"的。四灵，又称"四神"，据说有"定四方"的神力。龙能兴云致雨，调和阴阳；虎满 500 岁才变白，唯有帝王"德政"显赫时才会出现；凤凰为鸟中之王，可降吉祥，能见到它，就可大吉大利，国泰民安；龟是最

图 21　一日方至一日方出　佚名

图 22　西王母和东王公

长寿的，有"万年龟"之说，用龟甲占卜，可以预知吉凶，遇到玄龟，还能消灾除病。鲁迅的藏品中，有《飞龙图》《双龙图》近 20 幅，还有《象人戏虎》（见图 23）、《象人斗兽》（见图 24）等图。在这些画像中出现的动物有龙、蛇、熊、虎、麒麟，也有牛、象等。这表明了汉人对"四灵"的尊崇，同时在与自然的搏斗中也尊崇人力，表现了勇壮威武的气概。

与现在南阳汉画像馆收存的汉画石相比，鲁迅的藏品约占 1/10，但是，鲁迅搜集的时候，汉画像馆尚未建立，许多画石四散于各处。这些画像石，虽然大部分仍然保存至今，但也有少量原石流散国外或遭磨损漫漶。这就更显得鲁迅藏品的珍贵。

三、继承民族优秀文化遗产　创作中华民族崭新艺术

鲁迅为什么要大量收集汉画像？他为什么到晚年还不远千里地转托友人觅拓南阳汉画像？他选印汉画像的目的何在？对于这些问题可以有种种回答。比如说：鲁迅自幼喜爱美术，汉画像是我们民族艺术中的明珠，鲁迅当然喜爱。又比如说：创造和发展我国的新艺术，必须对我们民族传统的文化艺术有所师承，有所借鉴，鲁迅对汉画像格外珍视，事出必然。

这自然都不错，但其解答不免浮泛，不够具体真切。

我以为，鲁迅收集并计划选印汉画像，是为了供当时的美术青年，特别是木刻青年借鉴，从而推动我国新兴木刻运动的发展，为创造中华民族的新艺术而做出贡献。

鲁迅之所以看重汉画像，首先是由于汉画像本身的特点而决定的。不错，发展我们民族的新艺术，需要继承我们民族艺术中的精华，而何为精华？则必须将历代艺术加以比较，才能鉴别。

那么，汉画像本身的特点如何呢？

鲁迅曾赞扬汉人"闳放""魄力究竟雄大"。这是说，汉代是我国历史上的一个鼎盛时代，"虽然也有边患"，但"人民具有不至于为异族奴隶的自信心，或者竟毫未想到"，所以敢于对外实行开放，不是锁国闭关的孱头。汉代艺术"深沉雄大"，显然也是这种民族自信心在艺术创作中的反映和体现。尽管汉画像反映的社会生活是以地主阶级为中心的，但到底是以人物和故事作主要的题材，创作方法也是现实主义的。观赏鲁迅所藏之南阳汉画像，大都构图开阔、形象舒展、刻线流畅、风格质朴，达到了较高的艺术水平。由此可见，以人物和故事为主要题材来反映社会生活的现实主义创作方法和高度的艺术水平，乃是汉画像最主要的特点。在 20 世纪 30 年代，鲁迅为推动中国新兴木刻运动向前发展曾做了大量

图 23 象人戏虎　　　　　　　　　图 24 象人斗兽

的工作。但是，他也深切地感到，当时的木刻艺术还是幼稚的、粗糙的。他不止一次地指出："中国自然最需要刻人物或故事，但我看木刻成绩，这一门却最坏，这就因为蔑视技术，缺少基础功夫之故，这样下去，木刻的发展倒要受害的。"为了克服这弊端，他在《〈木刻纪程〉小引》中，曾经为新兴木刻运动规划了前进的道路。他说：

> 采用外国的良规，加以发挥，使我们的作品更加丰满是一条路；择取中国的遗产，融合新机，使将来的作品别开生面也是一条路。

他在写给李桦的信中又指出：

> 倘参酌汉代的石刻画像，明清的书籍插画，并且留心民间所赏玩的所谓"年画"，和欧洲的新法融合起来，许能够创出一种更好的版画。

为此，鲁迅就不断地为美术青年和木刻艺徒运送一批又一批的精神食粮。就"择取中国的遗产"，借鉴"明清的书籍插画"来说，他和郑振铎合资编印"中国版画丛刊"，已经出版的有《北平笺谱》和《十竹斋笺谱（一）》。显然，选印汉画像，也分明是为了供艺术青年们"参酌汉代的石刻画像"，从而"创出一种更好的版画"来。

不难看出，鲁迅收集汉画像，并不是要把它当作稀世之珍，藏之密室，而是要编印成册，流布于世，献给人民，献给青年，献给一切关心我们民族优秀文化遗产、为创造中华民族的新艺术而奋斗的人们，并以此来推动文化艺术运动的健康发展。

我们说，鲁迅当时收集汉画像是为了推动由他倡导的中国新兴木刻运动，但这绝不意味着鲁迅只认为汉画像有这一方面的作用。鲁迅从当时的实际出发，从革命的需要出发，提倡新兴木刻运动，是具有艺术眼光的。但是当时有当时的实际，现在有现在的实际。当今的艺术青年，再不是买不起油画工具和材料的穷青年，当今的艺术院校，也不再像 20 世纪 30 年代那样轻视版画。当今的国画已在改革方面取得了某些成就。当今的观众也需要从各画种、各种艺术中获得美的享受。因此，汉画像也就成了包括国画、版画、油画、雕塑、工艺美术和建筑艺术等都应取法和借鉴的优秀民族艺术遗产了。当然，就汉画像的价值而言，也不应当仅仅囿于艺术一隅，它对于中国古代史的研究、考古学的研究等，都有着很大的价值，本文就不再论及了。

鲁　迅　论　漫　画

漫画的生命——真实

艺术是通过塑造形象具体地反映社会生活、表现作者思想感情的一种社会意识形态。既然要反映社会生活，就要求真实，也就是说艺术内容必须具备客观的实在性。但是艺术的目的，并不在于反映社会生活，而在于反转过来影响社会，并推动社会前进。这就要求在反映社会生活、塑造艺术形象的同时，渗入作者的倾向和爱憎。所以，从艺术家的主观感情来说，真实还包容着作者感情的"真挚"和"真诚"。只有将客观生活实在性和主观感情真挚性熔为一炉的艺术品，才能唤起读者心灵的共鸣，才具有艺术生命。

漫画是画苑中的"刺儿梅"，通常是用简洁的笔触、夸张的手法来描绘社会生活中的痼疾和时弊，并以变形、比拟、象征等方法来达到尖锐讽刺的艺术效果。所以漫画又称讽刺画，漫画家又称讽刺艺术家。漫画之"漫"，当作何解？显然，它绝不是说漫画作者可以漫不经心地信手涂抹，只是说在画法上，不像其他画种那样，要受透视、比例、解剖、明暗、光色等诸种因素的严格限制。"漫"，是不受拘束、漫无限制的意思罢。

鲁迅对漫画的论述，较之版画来说要少得多。首先，是他在《新青年》发表的《随感录四十三》《随感录四十六》和《随感录五十三》中，曾经论及漫画；其后，是他在晚年又写过《漫谈"漫画"》和《漫画而又漫画》这样两篇短评。但是，这绝不是说他对漫画缺少深刻的见解，或者说他对漫画并不怎么关心。况且，漫画离不开讽刺，而鲁迅关于讽刺的论述，一则数量很大，二则深刻独到，而且学习这些论述又常常使我们念及漫画，所以我们不妨将它们联系起来，考察和研究鲁迅的漫画思想。

鲁迅说："只有真的声音，才能感动中国的人和世界的人。"可见真实是艺术的生命，是客观真相和主观真情的有机融合。同样，漫画艺术的生命也是真实，也必须是客观真相和主观真情的有机融合。鲁迅在《什么是"讽刺"？》一文中说：

> "讽刺"的生命是真实；不必是曾有的实事，但必须是会有的实情。

这里所说的"实事""实情"，都是侧重从艺术反映现实生活的角度，来强调艺术内容必须具备客观实在性。而且，这种客观实在性还不是偶然的、罕见的，相反，是"公然的，也是常见的，平时是谁都不以为奇的"，也就是说，是一种带有普遍性的社会真实。讽刺绝不是凭空捏造，更不是无端诬蔑，因为它失却了客观实在性的基础，不可能构成讽刺。讽刺也不是揭人隐私，人身攻击，或者是贩卖一些"雷公劈死了蜈蚣精，闺女生了夜叉"之类的奇闻和怪事，因为这些尽管也可能有某些捕风捉影的依据，但却又因为毫无普遍性和社会性而削弱了讽刺的力量。所以，鲁迅强调指出："其实，现在的所谓讽刺作品，大抵倒是写实，非写实决不能成为所谓'讽刺'；非写实的讽刺，即使能有这样的东西，也不过是造谣和诬蔑而已。"（见《论讽刺》）

但是，如果从讽刺艺术家的艺术反映和艺术表现的角度来加以审视，漫画艺术还必须在客观实在性中巧妙地寄寓作者的真情。所以鲁迅在《漫谈"漫画"》一文中又指出：

> 漫画的第一件紧要事是诚实，要确切的显示了事件或人物的姿态，也就是精神。

这里所说的"诚实"，是侧重从艺术家主观感情的表达方面提出的要求。因为漫画的基本方法是夸张，它必须靠夸张来"显示事件和人物的姿态"，传导和捕捉事物的精神。然而夸张什么，怎样夸张，却取决于画家的意向和感情。这样，"诚实"就既包括具有客体实在性的真实，又包容着艺术家主观倾向和强烈爱憎的真挚。鲁迅说："'燕山雪花大如席'，是夸张，但燕山究竟有雪花，就含着一点诚实在里面，使我们立刻知道燕山原来有这么冷。如果说'广州雪花大如席'，那可就变成笑话了。"这就既说的是客体的真实，又包括画家的诚实，如果连这一点真实也没有，如果漫画家连一点诚实的态度也没有，那就会变成造谣和欺骗了。鲁迅又指出：假使"住家的根路人到对门来小解，就在墙上画一个乌龟，题几句话，也不能叫它作'漫画'，为什么呢？因为这和被画者的形体或精神，是绝无关系的。"这里的"形体"失真，是说它没有客观实在性，"精神"失真，是说它没有确切地显示人物的姿态和精神，没有劝人改善的热情，所剩下的便只有无聊的谩骂了。鲁迅还指出："无缘无故的将所攻击或暴露的对象画作一头驴，恰如拍马家将所拍的对象做成一个神一样，是毫没有效果的，假如那对象其实并无驴气息或神气息。然而如果真有些驴气息，那就糟了，从此之后，越看越像，比读一本做得很厚的传记还明白。"（见《漫谈"漫画"》）这里所说的越看越像的"驴气息"，就不但是形体的真，而且是精神的真，是寄寓着艺术家真挚感情的真。

总之，漫画虽然有夸张，但必须以真实为基础，没有真实便没有生命，也就没有讽刺的力量。

漫画的题材——时弊和痼疾

鲁迅论断："悲剧将人生的有价值的东西毁灭给人看，喜剧将那无价值的撕破给人看，讥讽又不过是喜剧的变简的一支流。"（见《再论雷峰塔的倒掉》）可见，讽刺艺术，包括漫画艺术，是属于喜剧美的范畴的。既然喜剧是"将那无价值的撕破给人看"，这就从总体上规定了漫画的题材——社会的时弊和痼疾。

也就是说，漫画艺术是通过对社会上丑恶的、无价值的事物的讥讽，达到对社会美的肯定，扩大社会美的范围，促进社会美的发展。

痼疾，是指社会生活中长期养成的不易克服的恶习。时弊，是指当前社会的弊病。自有阶级社会以来，任何社会形态，都有其痼疾，也有着时弊。但是这种新老时弊的主要代表者和维护者，往往是有权有势的统治者和一些有教养的上流社会的雅人，而不是目不识丁的俗人和无拳无勇的无告者。当然，痼疾和时弊也一定会在广大群众的身上存在，但毕竟不是矛盾的主要方面。所以，鲁迅认为漫画家的笔锋所向，主要应当是社会上层和那些上等的雅人。鲁迅在论及欧洲漫画家的取材时就曾指出：

> 欧洲先前，也并不两样。漫画虽然是暴露，讥刺，甚而至于是攻击的。但因为读者多是上等的雅人，所以漫画家的笔锋的所向，往往只在那些无拳无勇的无告者，用他们的可笑，衬出雅人们的完全和高尚来，以分得一枝雪茄的生意。像西班牙的戈雅（Francisco de Goya）和法国的陀密埃（Honoré Doumier）那样的漫画家，到底还是不可多得的。

戈雅在18世纪80年代获得了宫廷画家的称号，随后画成的《国王全家像》却是一幅绝妙的讽刺画。查理四世那渺小贫乏的内心和令人讨厌的外表，王后傲慢、怪诞、凶残、狠毒的形象，被他栩栩如生、惟妙惟肖地刻画了出来。杜米埃（即陀密埃）发表于1832年的政治漫画《高康大》，是借拉伯雷笔下那个有特大胃口的角色，来揭露法国七月帝制的实质。画面上的"高康大"实际上就是国王路易·菲利普的化身，他的脑袋像个大鸭梨，肚子像个大口袋，从法国人民那里掠夺来的财富源源不断地流入他的贪婪的大口，而在王位脚下，则站着一些等待分赃和受勋的大臣。鲁迅之所以要赞扬戈雅和杜米埃，是因为他们站在人民一边，把讽刺的笔锋指向了统治者。

美国讽刺画家勃拉特来（L.D.Bradley）的《秋收时之月》和德国漫画家格罗斯（George Grosz）的《耶稣受难图》，鲁迅也极为欣赏。他说："我见过他一张《秋收时之月》（The Harvest Moon）的画。上面是一个形如骷髅的月亮，照着荒田；田里一排一排的都是兵的死尸。唉唉，这才算得真的进步的美术家的讽刺画。"（见《随感录四十三》）至于《耶稣受难图》，却是因为欧战时人们用毒瓦斯打仗，激起了格罗斯的义愤，所以他的画上便给钉在十字架上的耶稣，蒙了一个避毒的嘴套。这两位漫画家，都选取了当时最为重大的事件——欧战——为题材，嘲讽了不义的战争，并且在艺术表现上获得了成功，因而作品也就长留于世，不胫而走。

鲁迅还告诫漫画家：切不可讽刺代表社会前进方向的新人物和新事物。1919年1月5日，上海《时事新报》星期图画增刊《上海泼克》，曾刊出沈伯尘的6幅漫画，其内容是攻击主张废除汉字的人，说他们是给外国医生换上了外国狗的心了，所以读罗马字时，全是外国狗叫。我们知道，五四运动以来，有关废除汉字、进行文字改革的讨论相承不废。鲁迅也曾指出：方块汉字是"愚民政策的利器"，必须加以改革。不论这种主张是否时机成熟，切实可行，在当时都代表了事物前进的方向。因此，以漫画来加以攻击，便不但不是针砭社会的痼疾，乃是维护社会的痼疾。无怪鲁迅讽刺说："我因此很觉这美术家可怜。"可见，漫画家如果讽刺的是新事物，就不可避免地要落入自我讽刺的窠臼。

总之，漫画所讽刺的是社会的痼疾和时弊，只要它存在，讽刺也就跟着存在。倘若痼疾不重，时弊减少，漫画的题材就相对狭窄，倘相反，题材便非常广泛。

漫画的方法——夸大

漫画的方法尽管可以比拟，可以象征，但基本方法是夸大，或者说是"廓大"。夸大的方法自然有种种，但鲁迅将它们概括为两大类。其一，是"廓大一个事件或人物的特点"；其二，是"廓大并非特点之处"。他在《漫谈"漫画"》一文中说：

廓大一个事件或人物的特点固然使漫画容易显出效果来，但廓大了并非特点之处却更容易显出效果。

夸大人物和事件的表象特点，是讽刺画家们普遍使用的方法。恰如鲁迅所说："矮而胖的，瘦而长的，他本身就有漫画相了，再给他秃头，近视眼，画得再矮而胖些，瘦而长些，总可以使读者发笑。"这种方法是以夸大极易显示人物和事件的精神的表象特征，来显示讽刺效果的。如果人物和事件确有某种特征恰能代表其精神，那么将它加以夸大，讽刺的效果便自然产生出来了。但是，有些人和事，并无表象的特征可供夸大，可供谋求讽刺的效果，或者虽有某些表象特征，但夸大它并不足以充分显示其精神，那就必须夸大其"并非特点之处"，来谋求讽刺效果的实现。鲁迅曾经举过一个非常生动的例子，他说假使要讽刺"一位白净苗条的美人，就很不容易设法，有些漫画家画作一个髑髅或狐狸之类，却不过是在报告自己的低能。有些漫画家却不用这呆法子，他用廓大镜照了她露出的搽粉的臂膊，看出她皮肤的褶皱，看见了这些褶皱中间的粉和泥的黑白画。这么一来，漫画稿子就成功了，然而这是真实，倘不信，大家或自己也用廓大镜去照照去"。又比如：目下是常常看见讽刺官僚主义的漫画的，但因为画家眼光和方法的不同，优劣也就相距甚遥。然而，官僚主义者有胖有瘦，有高有矮，性别不定，年龄不同，并无形体方面的特点可供夸张。于是，常见的画法便是在某长官的办公桌上放它几尺厚的文件，而长官却睡在电话旁打鼾。这样的作品有一两幅，自然也可以，但见多了，便觉得是雷同或抄袭。对于这类人物或事件，就需要寻找那"并非特点之处"，给以夸张，才能见出新意，才能显出讽刺的力量。我所见过的较有特色的一幅，是在画面的上部，画一间小学生的教室，在三个不同年份依次呈现出微倾、倾斜和将要倒塌的情景，但是无人过问；画面左下方画的是房倒屋塌，一片瓦砾，医生、教师和解放军纷纷来救人；右下方则是一个发奖大会的场面，是那位官僚在给抢救有功的各路英雄颁发奖旗和奖状。这幅漫画只不过讽刺了一位小官僚主义者，但读来有点滋味。其原因就在于它从较长时间的跨度上，选取了几个典型的场景，把握了官僚主义那看起来"并非特点"的特点：即官僚主义的危害是很大的，但却不是短时期内可以暴露出来的；官僚主义者有时又是以奖励他人的方式来掩饰过失保护自己的。正因为画家夸大了"并非特点之处"，所以才获得了艺术上的成功。

由此可见，鲁迅关于漫画"廓大了并非特点之处却更容易显出效果"的思想是极为深刻的，这种夸大的艺术方法，也是漫画家们应当努力追寻的。

但是，夸大，无论采用哪种方法，都是为了凸显真实、发掘真实和强化真实，而不是为了削弱和抹杀真实，因此鲁迅认为夸大一定要有真实做基础，一定要合情合理，而不是无限夸大。鲁迅把过分渲染丑恶称为"溢恶"，而"溢恶"之作，往往因为削弱了美和善的力量导致失真，走向反面，让人看了觉得有哗众取宠之心，无实事求是之意，变得空洞无物了。他在评价明清讽刺小说时，独推《儒林外史》为"绝响"，就因为它"旨微而语婉"。他指出，如果"过甚其辞，就失了文艺上底价值"。可见，夸张而存真，是吴敬梓艺术成功的秘诀之一，夸大而失真，则是《二十年目睹之怪现状》等讽刺之作的一种弊病。此种教训，也颇值得漫画艺术家们引为借鉴。

漫画家的修养——人格、思想和技巧

中国自古以来就有强调做人的优良传统，所以反映在美术上常有关于人品和画格的讨论。鲁迅毕生也非常讲究做人。正因为这样，毛泽东才赞扬他的"骨头是最硬的""没有丝毫的奴颜和媚骨"，才赞扬他的性格是"最可宝贵的性格"。

鲁迅对画家们的要求不但是全面的，而且是严格的。他在《随感录四十三》

一文中指出：

> 美术家固然须有精熟的技工，但尤须有进步的思想与高尚的
> 人格。他的制作，表面上是一张画或一个雕像，其实是他的思想
> 与人格的表现。令我们看了，不但欢喜赏玩，尤能发生感动，造
> 成精神上的影响。

这里是向美术家提出了要求，当然也包括漫画家在内，何况这篇文章原本就是针对当时某些漫画家低劣的人品和陈旧的思想而写就的呢！

鲁迅虽然要求漫画家们注重技巧，并且就漫画的基本方法——夸大，发表了极其精彩的意见，但从上面这段引文可以看出，他更为看重的是漫画家的思想和人格方面的修养。这是因为在美与丑、善与恶的斗争中，漫画家往往首当其冲。换句话说，就是漫画家"大抵为被讽刺者所憎恨"，社会对他们的考验往往是现实的、严酷的。杜米埃画了一幅《高康大》，路易·菲利普治下的法院便将他监禁了半年。鲁迅的许多杂文讽刺了国民党治下的种种时弊，他的许多杂文集就被列为禁书。所以鲁迅在《从讽刺到幽默》一文中着重指出："讽刺家，是危险的。"

他接着加以解释道：

> 假使他所讽刺的是不识字者，被杀戮者，被囚禁者，被压迫
> 者罢，那很好，正可给读他文章的所谓有教育的智识者嘻嘻一笑，
> 更觉得自己的勇敢和高明。然而现今的讽刺家之所以为讽刺家，
> 却正在讽刺这一流所谓有教育的智识者社会。

> 因为所讽刺的是这一流社会，其中的各分子便各各觉得好像
> 刺着了自己，就一个个的暗暗的迎出来，又用了他们的讽刺，想
> 来刺死这讽刺者。

讽刺并非是冷嘲，因为讽刺家"常常是善意的，他的讽刺，在希望他们改善"。鲁迅也强调指出："如果貌似讽刺的作品，而毫无善意，也毫无热情，只使读者

觉得一切世事，一无足取，也一无可为，那就并非讽刺了，这便是所谓'冷嘲'。"（见《什么是"讽刺"？》）但如果被讽刺者文过饰非，闻过则怒，讽刺者就面临着危险。最初是说讽刺家在冷嘲，接着便指他为谩骂、可恶、刻毒，甚至直到让讽刺家做了他们"文字狱"中的主角，直到将讽刺的艺术逼入无聊的"幽默"，使讽刺作品变成嬉皮笑脸地说笑话，才算是天下太平。当然，被讽刺者，如果闻过则改，那么讽刺也就收到了社会效益，起到了推动社会前进的作用。

然而社会是复杂的，十个指头不能一般齐，被讽刺者中有愿意改好的，也有不愿意改好的，所以鲁迅又强调说："社会讽刺家究竟是危险的。"如果迫于某种压力，将讽刺的笔锋指向普通群众和一般俗人，那不过是为上流社会的雅人们提供茶余饭后的笑料，失了讽刺的力量，而不能尽到讽刺画家应尽的社会职责。有鉴于此，鲁迅告诫漫画家们既要"不理会偶像保护者的嘲骂"，又要"不理会偶像保护者的恭维"，要目光锐敏，有胆有识，敢于讽刺，善于讽刺，使自己成为"引路的先觉"，使自己的画成为"表记中国民族知能最高点的标本"。

鲁 迅 为 连 环 图 画 辩 护

在现代美术史上，鲁迅是为连环图画挺身而出，给予辩护的第一人。同时，也是在辩论中为连环图画指示前进方向，开拓前进道路的第一人。

连环图画是和"高等有闲者的艺术对立"的。它的观者多是识字不多的俗人或儿童，所以它又被称为"小人书"，被视作不登大雅之堂的一种文艺形式。鲁迅因为看到它的启蒙作用很大，群众基础深厚而为之辩护，但他清楚地知道在黑暗的旧社会要文艺"全部大众化，只是空谈"。他在《文艺的大众化》一文中指出："多作或一程度的大众化的文艺，也固然是现今的急务。若是大规模的设施，就必须政治之力的帮助，一条腿是走不成路的，许多动听的话，不过文人的聊以自慰罢了。"

新中国成立之后，由于既有政治之力的帮助，又有革命画家的努力，新连环画以其革命的、健康的内容和为群众喜闻乐见的形式，获得了飞速的发展，不但迅速取代了旧社会遗留下来的反动、迷信、淫秽、荒诞的旧连环画，实现了鲁迅先生"挤掉一些陈腐的劳什子"的号召，而且为培育社会主义新人做出了自己的贡献。据统计，在新中国成立后的第一个 10 年中，全国共出版连环画约 2 万种，总印数达 6 亿册。1977 年至 1979 年仅 3 年间，全国出版的连环画有 2100 多种，印数亦为 6 亿册。这惊人的数字告诉我们，连环图画的读者是何其众多，连环画艺术是何等欣欣向荣。先前，鲁迅先生孜孜不倦地把外国的优秀连环画介绍到中国来；现在是我国的许多优秀连环画作品在国外被介绍、被翻印，甚至荣获国际金奖，为国争光。事实已经证明，连环画艺术本身的成就，已经把那种认为它"不登大雅之堂"的观点批驳得体无完肤了。可以想见，随着我国"四化"建设的飞速发展和人民精神生活的不断丰富，连环图画的印数还将继续增加，质量亦会更加提高，其发展前景将更加广阔。

在这种空前喜人的情势下，重温鲁迅为连环图画振臂疾呼、侃侃辩护的言论，学习他关于连环图画的那些至今仍不失为真知灼见的富有教益的指导性意见，对于继续克服轻视连环图画的社会偏见，对于继续做好连环图画的绘制和出版工作，都是有意义的。

一

有关连环图画的论战和讨论，鲁迅先后参加过两次。第一次是在1932年同"第三种人"苏汶展开了关于连环图画的论战，第二次是在1934年参加了革命文化营垒内部关于连环图画推陈出新的讨论。他有关连环图画的文章，大都是围绕着这两次争论写下的。不过，大体说来，在首次的论战中，他是侧重从战略上为连环图画辩护，以确立连环图画在革命文艺中的不可忽视的地位和作用；而在后来的讨论中，则侧重从战术上着眼，来探讨连环图画的题材和画法，以便使连环图画在更好地继承民族艺术的优秀遗产、适应国人的欣赏习惯的基础上不断创新，走向繁荣。

我们知道，"左联"成立之后不久，就提出了"创作革命的大众文艺"的要求。到1932年4月间，洛扬（冯雪峰）和史铁儿（瞿秋白）就在《文学》创刊号上分别撰文谈及了连环图画。冯雪峰在《论文学的大众化》一文中说："我们可以而且应当利用大众文艺的旧形式，创造大众文艺，即内容是革命的小调、唱本、连环图画、说书等。"瞿秋白也说："因为识字人数极稀少，还应当运用连环图画这一形式。"但是，左翼作家的这一正确主张，很快便受到了"第三种人"苏汶的攻击，他在自编的《现代》杂志七月号上撰文嘲讽说："他们鉴于现在劳动者没有东西看，在那里看陈旧的充满了封建气味的（就是说有害的）连环图画和唱本，于是他们就要求作家写一些有利的连环图画和唱本给劳动者看……这样低级的形式还产生得出好的作品吗？确实，连环图画是产生不出托尔斯泰，产生不出弗罗培尔来……"在这里，苏汶把连环图画贬为"低级的形式"。但他并不就此甘休，接着又来攻击文艺为革命服务的功能。他说，这样下去"终于文学不再是文学，变成连环图画之类，而作者不再是作家，变成煽动家之类"。显而易见，他是把文艺的宣传教育作用和蛊惑人心的煽动混为一谈，对连环图画来了个一笔抹杀、全盘否定。

在这关键性的时刻，鲁迅连续发表了《论"第三种人"》和《"连环图画"辩护》两篇极为重要的文章。在前一文中，鲁迅一针见血地指出：

> 左翼虽然诚如苏汶先生所说，不至于蠢到不知道"连环图画是产生不出托尔斯泰，产生不出弗罗培尔来"，但却以为可以产出密开朗该罗、达文希那样伟大的画手。而且我相信，从唱本说书里是可以产生托尔斯泰、弗罗培尔的。现在提起密开朗该罗们的画来，谁也没有非议了，但实际上，那不是宗教的宣传画，《旧约》的连环图画么？……

在后一篇文章中，鲁迅又列举大量事实，证明了"连环图画不但可以成为艺术，而且已经坐在'艺术之宫'的里面了"。

苏汶等人是极崇拜西方的，那好，鲁迅也就首先从西方来举例，指出了西方——

> 凡有伟大的壁画，几乎都是《旧约》、《耶稣传》、《圣者传》的连环图画，艺术史家截取其中的一段，印在书上，题之曰《亚当的创造》、《最后之晚餐》，读者就不觉得这是下等，这在宣传了，然而那原画，却明明是宣传的连环图画。

值得注意的是：《亚当的创造》的作者正是密开朗该罗（通译米开朗琪罗），《最后之晚餐》（即《最后的晚餐》）正是达文希（通译达·芬奇）所作。鲁迅的意思是说他们以《圣经》为题材的画，既然是连环图画的片段，那么组合的连作不就是连环图画吗？这两位伟大的画手既然也是连环画家，那么连环图画不是早就坐在"艺术之宫"里面了吗？既然他们的画不是"下等"，那么连环图画为什么就是"低级的形式"呢？既然他们的原画也是"宣传"，那么为什么连环图画的"宣传"就要被苏汶诬为"煽动"呢？

西方是这样，难道东方就不如此吗？鲁迅接着就指出：

> 在东方也一样。印度的阿强陀石窟，经英国人摹印了壁画以后，在艺术史上发光了；中国的《孔子圣迹图》，只要是明版的，也早为收藏家所宝重。这两样……明明是连环图画，而且是宣传。

倘再从书籍插图来看，原意本为了装饰书报，增加读者的兴趣。鲁迅也指出："但那力量，能补助文字之所不及，所以也是一种宣传画。这种画的幅数极多的时候，即能只靠图像，悟到文字的内容，和文字一分开，也就成了独立的连环图画。"关于西方，鲁迅一口气列举了法国陀莱为《神曲》《失乐园》《堂吉诃德》《十字军东征》等书所作的插图；关于中国，鲁迅又举出宋人的《唐风图》《耕织图》和明代仇英所绘的《〈飞燕外传〉图》和《〈会真记〉图》为例，但又有谁说陀莱和仇英不是艺术家而是"煽动家"呢？

此外，鲁迅又举了 19 世纪后半叶以来国外创作版画的大量"连作"，说明这些也都是出色的连环图画。计有：

珂勒惠支的《农民斗争》（7 幅）、《战争》（7 幅）、《无产者》（3 幅）。

梅斐尔德的《你的姊妹》（7 幅）、《养护的门徒》（13 幅）。

麦绥莱勒的《理想》（83 幅）、《我的祷告》（165 幅）、《没字的故事》（60 幅）、《太阳》（63 幅）、《工作》（幅数失记）、《一个人的受难》（25 幅）。

还有美国希该尔的木刻连作《巴黎公社》、格罗沛尔的石刻组画《马戏演员的生活和恋爱的图画故事》和英国吉宾斯的木版组画《第七人》等。

事实胜于雄辩，鲁迅就这样以事实驳倒了苏汶，为连环图画赢得了声望和地位，并且满怀激情地指出：对于连环画家的创作，"大众是要看的，大众是感激的！"

二

鲁迅为连环图画做了有力的辩护，但仔细推敲起来，他在辩护中所使用的概念是广义的连环图画的概念，而不是我们通常所理解的白描的、用线条组织形象的，而且又多是小幅的连环图画的概念。他是从整个美术的总体上来加以观察的，有壁画的连环图画，有油画的连环图画，有版画的连环图画；而不是将连环图画当作一种与油画、壁画、版画等艺术形式互相对立、互相并存的艺术形式来加以论述的。

这实在是鲁迅辩论艺术非常高明的表现，也是他富有艺术战略眼光之所在。

其实，"左联"当时提倡文艺大众化，主张利用连环图画这种形式，指的是在上海坊间出版的那种被人称为"小人书"式的连环图画，并不是壁画、油画、版画式的连环图画。"小人书"式的连环图画脱胎于元、明、清的说部和戏曲插图，但却是半封建半殖民地旧中国的产物。据赵家璧先生考证：1908 年上海文益书局出版的朱芝轩编绘的《三国志》，有图 200 多幅，是我国最早刊行的石印连环图画。1913 年，石印新闻画报风行一时，它采用旧年画的形式，单张四开，图文并茂，加之小贩沿街叫卖，极受群众欢迎。1916 年，《潮报》首次用有光纸把单张印成折子式，装订成册，原先出版宝卷唱本的小书商便各寻门路，觅画人，抢新闻，"小人书"也就这样诞生了。这种袖珍本的连环画，沿袭至今，迄无大变。1918 年，丹桂第一台开始上演连台本戏《狸猫换太子》，书商从抢新闻转而抢京戏题材，"小人书"内容有了新的发展。后来电影成为上海市民的消遣物，无钱的劳动者又通过浏览电影题材的"小人书"来满足文化娱乐的需要。1924 年，亚光书局出版朱润斋的《天宝图》，分成上、中、下三册，而杨树浦的"小人书"摊贩，又开始出租"小人书"，接着上海街头陆续出现了许多租书摊。1927 年，世界书局出版了赵丹旭画的一部《三国志》，书名用大红字印了"连环图画三国志" 7 个字，从此"小人书"才有了连环图画的正名。到 1932 年前后，这样的出版书商在上海约有 30 家，自称"大同行"，霸占了连环图画出版业，形成一个行帮，不让他人插手，而他们出版的书，内容大都是宣传封建迷信、神怪武侠、诲淫诲盗的。（见赵家璧《鲁迅与连环图画》）

由此可见，狭义的连环图画就是这种流行于社会下层的白描线画的"小人书"，且在当时内容不够健康，也没有涌现什么"伟大的画手"。鲁迅倘若就事论事，为它辩护，即使想说服一般的读者，也是困难的。所以鲁迅就从就事论事的范围冲出来，高瞻远瞩、高屋建瓴地从美术事业的总体范畴来加以考察，辩明了连环图画在艺坛不容轻视、不容贬低的地位。但是，一旦进入有关连环图画创作的具体问题的讨论时，鲁迅便抛开广义的连环图画的概念而采用非广义的概念了。

1934 年春夏之交，左翼内部又围绕着如何利用旧连环图画的形式创作新连环图画的问题，展开了讨论。参加讨论的人有魏猛克、聂绀弩、艾思奇等，鲁迅当然也有参加，而且是主将。

魏猛克（即何家骏）是"左联"成员，早在 1933 年 7 月间，他就和上海《无名》杂志的编辑陈企霞联名致函鲁迅，希望鲁迅能提供有关连环图画的材料，并就创作问题发表意见。鲁迅于同年 8 月 1 日复信。到 1934 年 4 月间开始讨论连环图画的创作问题时，魏猛克再次致函鲁迅，鲁迅于 4 月 9 日复函。10 天后，魏猛克便在《中华日报·动向》上，以《采用和模仿》为题，撰文开展讨论，但是他这篇文章，不仅标题就来自鲁迅给他的复信，而且文中也大段地引述了鲁迅在复信中的一些重要言论。只是由于当时的政治情况，魏猛克引述鲁迅的言论时，只用了"某先生"的名义，并未透露鲁迅的名字。但是，5 天之后，即 4 月 24 日，耳耶（即聂绀弩）发表文章，指责魏猛克主张创作连环图画应该采用旧形式的说法"非常之类乎'投降'"。他认为"艺术大众化，只有一条路，就是新形式的探求"。耳耶的文章表面上是批评魏猛克，但魏猛克的意见原是来自鲁迅，所以实际上是把鲁迅的正确意见也否定了。这样鲁迅就写了《论"旧形式的采用"》一文，并于 5 月 4 日在《中华日报·动向》上发表。两天后，艾思奇发表了《连环图画大有可为》一文，他和耳耶持同样的看法。文中说："若能够触到大众真正的切身问题，那恐怕愈是新的，才愈能流行。"鲁迅在 3 天之后又写了《连环图画琐谈》一文，对怎样才能"触到大众真正的切身问题"发表了自己的意见，匡正了进步文艺界对文艺大众化所持的某些偏激的看法。

综上所述，鲁迅在这场争论中，对连环图画的创作问题发表了指导性的意见。这些意见主要都写在了致魏猛克的两封信和《论"旧形式的采用"》《连环图画琐谈》这两篇文章中。此外，鲁迅在《上海的儿童》《看图识字》和 1935 年6 月 29 日致木刻家赖少其的信中，也对连环图画的创作发表过精彩的意见。这些文章和书信，现在都收在《鲁迅全集》中，大家可以参看。这里仅扼要地将鲁迅关于创作连环图画的意见加以综合评述，以供关心此道的读者参考。

首先，鲁迅认为连环图画"确能于大众有益""倘要启蒙，实在也是一种利器"，因而"它有流行的可能，且有流行的必要，着眼于此，因而加以导引，正是前进的艺术家的正确的任务"。可见，那种认为连环图画"不登大雅之堂"，或者仅仅把它视为一种"扫盲工具"而不把它当艺术的观点显然是错误的；那种把连环图画视为雕虫小技，因而粗制滥造甚至不屑一画的思想也是错误的。青年艺术家往往好高骛远，贪大求名，急功近利，眼高手低。针对这种情形，鲁迅循循善诱地指出："太伟大的变动，我们会无力表现的，不过这也无须悲观，我们即使不能表现它的全盘，我们可以表现它的一角，巨大的建筑，总是一木一石叠起来的，我们何妨做做这一木一石呢？"因此，不能把连环图画的创作，看成是没有出息的事，看成是画家的额外负担，相反，它是群众的需要、革命的需要和时代的需要。

既然人民群众需要连环图画，那么，就存在一个如何满足群众需要的问题。连环图画是叙事性的绘画，当然主要应以故事为题材。鲁迅指出："材料要取中国历史上的，人物是大众知道的人物，但事迹却不妨有所更改。旧小说也好，例如《白蛇传》（一名《义妖传》）就很好，但有些地方须加增（如百折不回之勇气），有些地方须削弱（如报私恩及为自己而水满金山）等。"这就是说，创作历史题材或故事题材的连环图画，要删除那些消极的、迷信的、低级的情节，突出那些积极的、健康的、高尚的内容。鲁迅还指出："观民风是不但可以由诗文，也可以由图画，而且可以由不为人们所重的儿童画的。"因之，即使是为儿童创作连环图画，亦不可将他们画得横暴冥顽或者是低眉顺眼，而要摆脱这种"衰惫的气象"，画出沉着粗犷、聪明漂亮的形象来。至于画法，鲁迅出于对人民群众欣赏水平和习惯的考虑，一再指出要"用中国旧法""要多采用旧画法""以素描（线画）为宜"。他说，作连环图画"自然应该研究欧洲名家的作品，但也更注意于中国旧书上的绣像和画本，以及新的单张的花纸"。吴友如主笔的《点石斋画报》，鲁迅认为也可以参考。又说"中国画是一向没有阴影的，我所遇见的农民，十之九不赞成西洋画及照相，他们说：人脸那有两边颜色不同的呢？西洋人的看画，是观者作为站在一定之处的，但中国的观者，却向不站在定点上，所以他说的话也是真实"。显然，这便是中国农民千百年来养成的欣赏习惯。这种习惯自然也可以随着科学的发展、文化的提高和时代的变迁而渐次改变，但在未曾改变之前，就应当尊重和适应，而且中国画又有它自己的民族特色，所以中国的连环图画也应有它自身独特的风貌。有鉴于此，鲁迅主张"作'连环图画'而没有阴影，我以为是可以的；人物旁边写上名字，也可以的，甚至于表示做梦从人头上放出一道毫光来，也无所不可。观者懂得了内容之后，他就会自己删去帮助理解的记号"。在连环图画的创作上，鲁迅的着眼点是"一般的民众"，而不是"知识者"。因而，他反对采用西方"印象画法"，那种"专重明暗之木版画亦不可用"，欧洲现代派的画法更不可取。他指出："专学欧洲已有定评的新艺术，那倒不过是模仿。'达达派'是装鬼脸，未来派也只是想以'奇'惊人，虽然新，但我们只要看 Mayakovsky 的失败（他也画过许多画），便是前车之鉴。"

如果说，鲁迅在倡导新兴版画运动中，是既注重吸取民族艺术传统的养分，又强调借鉴欧洲版画艺术的经验的话，那么他在论及连环图画的创作时，则是虽不排斥研究欧洲名家的作品，但却更侧重于民族艺术传统的继承。他指出："新的艺术，没有一种是无根无蒂，突然发生的，总承受着先前的遗产。"而且"旧形式是采取，必有所删除，既有删除，必有所增益，这结果是新形式的出现，也就是变革"。那么，我们从民族艺术的传统中吸收什么呢？鲁迅指出：汉唐艺术的"大抵以故事为题材，这是可以取法的"。唐代"线画的空实和明快"，宋代院画的"周密不苟"，都可取法。至于吴友如的画报，则应取其对上海洋场观察的精细和描绘的真切，倘若画农村，他就不行。为了革新连环图画，使它具有革命的、健康的内容，鲁迅生前还曾想亲自编写故事，觅画家画出，来推动连环图画事业的发展。据当时在良友图书出版公司任职的赵家璧回忆说：

> 他（鲁迅）说，是否可以由我们自己来编写文学脚本，然后找旧连环画家来画一种新内容的连环画呢？假如不行，是否可请新画家来画新连环画呢？由良友来出版这类连环图画倒是颇为适宜的。这个意见引起我们极大的兴趣，我们还乘便想了一些新的文学选题，譬如高尔基的《母亲》和鲁迅的《阿Q正传》等。几天后，我就通过书店同行的介绍，到四马路望平街一条里弄去找了两家专出连环图画的书店打交道。当时上海连环图画出版业几乎完全操纵在一批属于行会组织的流氓书商手里，画家们的劳动，受到严重的剥削，形成垄断包办的局面，他们听说有人要找他们

的画家出新连环画，干脆拒绝了。当时具有一定水平的新画家，又谁也不愿画连环图画。我们的梦想，不久就告吹了。鲁迅先生知道我们做了努力终于失败后，还是很乐观地说，"这条路今天走不通，将来总会有人走过来的"。

不难看出，鲁迅打算亲身实践，为连环图画做出贡献，不但为了驳倒那些连环图画的否定者，而且也是为了进一步提高连环图画的思想内容和艺术水平，以教育旧连环图画的广大读者。但要真正使连环图画在广大群众中发挥其强大的启蒙作用，就必须使"毫无观赏艺术的训练的人，也看得懂，而且一目了然"。现代派艺术的作品，大众是看不懂的，甚至是有一定文化的人，也未必能看懂。不懂，也就失去了艺术的作用。所以鲁迅一再强调："必须令人能懂，而又有益，也还是艺术，才对。""'懂'是最要紧的，而且能懂的图画，也可以仍然是艺术。"万不可将连环图画"堕入知识阶级以为非艺术而大众仍不能懂（因而不要看）的绝路里"。

数十年来，我国的连环图画基本上是按照鲁迅的指引发展前进的，因而成绩卓著，成就辉煌，已如前述。鲁迅关于连环图画的两大预见，即连环图画可以产生出米开朗琪罗和达·芬奇那样伟大的画手和由新画家来画新连环图画，现在已经实现。旧连环图画已被改造，"不愿画连环图画"的画家也改变了自己的看法，而且我们已经形成了一支连环图画的专业队伍，产生了一批在国内外画坛获奖的画家，使连环图画达到了历史上从未有过的新水平和新高度。现在，连环图画更在改革开放、百花齐放的新形势下呈现出新的风貌，画家们力求创立独特的风格，形成不同的流派，吸收西方现代派技法的新作也在涌现。但值得注意的是，我们在创新的路上，仍不可忽视鲁迅从民族艺术和民间艺术中吸取营养和使作品"力求易懂"的教诲。

鲁 迅 与 裸 体 画 艺 术
—— 兼 与 李 欧 梵 先 生 商 榷

1986 年 10 月 19 日至 23 日，为纪念鲁迅逝世 50 周年，"鲁迅与中外文化学术讨论会"在北京举行。

10 月 23 日上午，大会安排美国芝加哥大学教授李欧梵先生作题为《鲁迅与现代艺术意识》的发言，并指定我和彭定安先生对发言作简略评议。记得那天我仅就鲁迅与裸体画问题提出一点商榷性的意见，但因为限定的发言时间只有 5 分钟，而我的话还未讲到 5 分钟，所以肯定没有把问题说透。

现在，李欧梵先生的《鲁迅与现代艺术意识》一文，已在香港《明报月刊》（1986 年 11 月和 12 月号）和北京鲁迅博物馆的《鲁迅研究动态》（1986 年第 11 期）全文刊载。我也想借此机会把自己的想法写出来，以就教于李欧梵先生和广大读者。

一

李欧梵先生是海外知名的中国文学研究家，也是鲁迅研究家。他这次为纪念鲁迅逝世 50 周年而作的《鲁迅与现代艺术意识》长篇论文，提出了许多新颖而独特的见解。比如，李先生认为：鲁迅作为"一个对世界文艺思潮非常关心的人不可能不在他的作品中呈现某些与西方文艺契合的现象"。他并且通过对《野草》的分析，指明了如下几个"初步的契合点"，即"超现实的意象、自然景物的变形和拟人化、表现派式的人物造型，甚至对爱欲感的升华"。又比如，李先生认为"鲁迅是一个形式上的创新者，他对于中国传统的文体，非常敏感，并试图超越。他的短篇小说，主要的形式来源当然是西方，然而我们也不能忽略他从中国传统文章这个范畴里所作的创新的尝试"。再如，李先生还认为鲁迅"在形式上最有创新的作品"是《野草》，它"读来有一种视觉和听觉交融的感受"。我以为，这些见解，都中肯独到，而且富于深刻的启示性。

但是，李欧梵先生文中谈到的鲁迅与裸体画艺术的问题，是值得商榷的。

李先生在文章的开头就指出了这样一个事实，即上海大陆新村鲁迅故居二楼卧室镜台上所陈列的德国裸体版画——《浴》和《夏娃与蛇》，与楼下会客室里所悬挂的富有社会意义的剪纸《太阳照在贫民窟上》和油画《读呐喊》在情调上形成了鲜明的对比。这种情形触发了李先生的研究灵感，便使他得出一个贯穿全文的论点："鲁迅一生在公和私，社会和个人两方面存在了相当程度的差异和矛盾，如果说他在为公、为社会这条思想路线上逐渐从启蒙式的呐喊走向左翼文学和革命运动的话，他在个人的内心深处、甚至个人的艺术爱好上，似乎并不见得那么积极，那么入世，甚至有时还带有悲观和颓废的色彩。"李先生在文中还指出鲁迅欣赏珂勒惠支的裸体版画《牺牲》；购买了不少世界裸体美术画册；喜欢莱勒孚为《夏娃日记》所作的多是裸体的插图；甚至翻印过"对读者可能有不良影响的"比亚兹莱的"色情作品"等事实，并且在文章的结尾说：就连鲁迅最著名的《自嘲》诗，也"被人曲解了"。因为，全诗的最后两句是"至关重要的"，倘"用最落实的看法"，把"小楼"解作"鲁迅在上海的居所"，"那么，当他一个人躲在小楼二层的卧室的时候，也许偶尔也会有点兴致鉴赏镜台前的裸体版画吧"。由此可见，探讨鲁迅对裸体画的鉴赏兴味，是贯穿李先生论文的一条线，不过，这大概还只是表层的、外在的线索。

李先生论文的另一条线索，也就是深层的、内在的线索，是他对"艺术的原动力"的阐述。为此，他分析了鲁迅在《故事新编·补天》中，对裸体的女娲的塑造；又分析了鲁迅在《野草·复仇》中所描绘过的一对裸体男女；还分析了他在《野草·颓败线的颤动》中所刻画过的一个裸体妇人的形象。李先生批评鲁迅过分相信厨川白村关于生命力是文艺创作的起源的"半调子理论",所以,他没能按照弗洛伊德学说"大胆地把女娲的故事写成一个中国式的'爱欲'的神话",致使《补天》这篇作品在艺术上"不尽完善"。换句话说,也就是《补天》之所以不能尽如人意,是由于鲁迅现代艺术意识贫乏所致。不过,李先生又指出:鲁迅也有"更现代"、更使人"感到一种'色情'的强度,一种极为独特的'爱欲'"的作品,那就是《野草·复仇》。所以,李先生说:"在弗洛伊德的学派理论中(如弗洛姆 Evich Fromm),爱欲不但和'利比多'(libido)连在一起而成为人的'下意识'的一部分,而且(特别在弗洛伊德的后期学说中)往往形成一种博大的本能潜力,从人类的原始生命而来,和文明的上意识(或者'超自我'Super-ego)相抗衡。"而这种弗洛伊德学说,"才是艺术的原动力"。

这就启示我们,鲁迅之所以欣赏裸体画,或者在自己的作品中塑造裸体形象,是由于受了和性、爱欲连在一起的"下意识"驱使的。因而,尽管鲁迅在为公、为社会(即他的"文明的上意识")这一面是革命的、进步的,但在"个人的内心深处""个人的艺术爱好"方面,却是"悲观""颓废""唯美"的,也是"为艺术而艺术"的,至少是有时带着这种倾向或色彩,"只是在三十年代政治思潮影响下,他不能(也不愿)公开诉诸笔墨"而已。

李欧梵先生的论文旁征博引,汪洋恣肆,涉及了文艺研究和鲁迅研究中的许多问题。不过,我在本文无意讨论弗洛伊德和厨川白村,也无意讨论艺术的原动力以及鲁迅的《野草》和《故事新编》的研究问题,而只将论题尽量压缩在鲁迅与裸体画艺术这样一个狭窄的范围,谈谈自己的浅见。

二

我想,判断鲁迅审美趣味如何,最要紧的应当是看审美对象的内容和形式

图 25　入浴　阿·贝克

怎样，而不能看那作品是放在他的卧室还是挂在他的客厅。就《入浴》（见图
25）来看，这幅版画所描绘的是一个妇人背向观众洗浴的场面，意境是幽静的，
线刻是纤美的，然而令人遗憾的是突然从天外飞来两只乌鸦，落在了妇人面前的
弧形花墙上。这时，妇人赶紧低下头去，并且用双手捂着小腹。在画面上，裸女
之美与乌鸦之丑形成了鲜明的对照。《夏娃与蛇》（见图26）的主旨与《入浴》
十分相近，画面上的夏娃躺在花草丛中，一条口衔苹果的蛇向她袭来，她目不欲
视，又仿佛有些恐惧，故将头部扭向外侧。显然，这两幅德国版画所表现的主题
都是善与恶、美与丑的对比，并非是性与爱欲的挑逗。鲁迅之所以欣赏这些作品，
也同他喜爱莱勒孚的《夏娃日记》插图一样，是因为它"虽然柔软，却很清新"
（见《〈夏娃日记〉小引》），而不是因为它性感和色情。倘再从留供自己欣赏
或公诸社会读者的角度考察，虽然鲁迅没有把《入浴》和《夏娃与蛇》这两幅裸

图26　　夏娃与蛇　阿·贝克

体版画印出来公诸同好，但他收藏的德国版画有数百幅之多，晚年也有辑印德国版画集的想法，只是因为财力不足未能如愿。假使鲁迅真要印制德国版画集的话，谁又能断言他不会把《入浴》和《夏娃日记》收入集内，介绍给艺术青年呢？珂勒惠支的《牺牲》，是由鲁迅推荐刊载于《北斗》杂志创刊号上的；《比亚兹莱画选》是鲁迅和几个青年朋友自费出版的；至于鲁迅在小说《补天》、散文诗《复仇》和《颓败线的颤动》中所描绘的裸体形象，都是在鲁迅生前早已公之于众的。因此，我认为只要是内容清新、健康的裸体画，鲁迅就会向大家介绍和推荐。他在这方面的态度依然是积极的、入世的，并没有什么"悲观和颓废的色彩"可供发掘。

　　当然，我并不是说鲁迅就没有过消极、颓唐乃至悲观的心态。鲁迅也是人，他在生命的途中经历过许多曲折和坎坷；在他思想和性格的组合中，也呈现过和常人同样的希望和失望、昂奋和颓唐、乐观和悲观相互交织的复杂面貌。鲁迅在写给李秉中的信中，承认过自己的思想中有"毒气"和"鬼气"在纠缠（见1924年9月24日致李秉中信）；他在写给许广平的信中，又说过自己有着"人道主义与个人主义这两种思想的消长起伏"（见1925年5月30日致许广平信）的矛盾。但是，有过消极、悲观的念头是一回事，带着消极、颓废、悲观的情绪，"躲进小楼"去欣赏女性裸体绘画，或者按照弗洛伊德学说，在"小楼"里欣赏裸体画而坠入消极和悲观之境又是一回事。鲁迅在辛亥革命之后的五六年间和五四运动过后的两年间，确实有过寂寞、颓唐、消极、悲观的心态，但他那时既没有躲在绍兴会馆，也没有躲在"老虎尾巴"去欣赏裸体绘画。所以，我认为，到了20世纪30年代，鲁迅作为新美术运动的推动者，他不仅欣赏优秀的油画、版画、连环画、漫画，而且也欣赏优秀的裸体画。他对裸体画的鉴赏也和对其他各类绘画的鉴赏一样，是从审美的立场出发的，而不是从弗洛伊德的观点出发，由性和爱欲的角度加以取舍的。当然，从审美立场出发，鲁迅的鉴赏意向，也还有他自己的特色，这一点，我在下面还将谈到。

毋庸讳言，鉴赏和研究裸体艺术很难回避性的问题。这是因为"饮食男女人之情也"，性是人性，不是原罪。但是，美术人体作品的创作和鉴赏，又是和一定的社会背景、一定的审美观念相联系的。中国的封建社会特别长久，封建意识极为浓厚，"男女授受不亲"的观念颇为牢固，"男女大防"的界限十分严格。这样的社会背景不可能形成裸体绘画的传统，也不可能确立对裸体艺术的正确鉴赏原则。裸体的形象不但在常人的心目中是伤风败俗，而且连男女同校和美术学校用模特儿作画，也被视为大逆不道。北洋军阀孙传芳和上海美专校长刘海粟有关裸体画的官司，已是60年前的事了，我们暂且不去回述。就说20世纪80年代，也还有人认为进行裸体写生是"野蛮的"，是某些人"钻了法律的空子"；认为美术院校招收裸体模特儿是对"纯洁善良的姑娘的欺骗"。还有人认为："裸体写生实际上就是为'性开放''性自由'鸣锣开道，为西方世界的这种瘟疫和丑行准备生长的土壤和温床，其后果就是造成社会混乱，伦理道德失常，家庭的破裂，儿童的不幸。"（见《中国美术报》总第 67 期）这简直是把模特视为祸国殃民的洪水猛兽！他们的观点，比起 60 年前的孙传芳来，实在没有丝毫进步。不过，尽管反对是如此之猛烈，报考模特的人却愈来愈多，例如，1986 年年初上海公开招聘人体模特儿时，不到半天报名者即达到 500 人之多，足见无私献身艺术的人，已不受封建意识的羁绊。自然，也有人并不主张禁止裸体画，却反而以猥亵的眼光去欣赏，结果是把裸体画当作了刺激情欲的工具。不消说，这也不是正确的态度。

在对待裸体画方面，鲁迅的思想当然首先是反封建的。他曾尖锐地指出："要证明中国人的不正经，倒在自以为正经地禁止男女同学，禁止模特儿这些事件上。"（见《马上支日记》）鲁迅也反对那种着眼于性和爱欲的欣赏倾向。为此，他曾不无叹息地说："可怜外国事物，一到中国，便如落在黑色染缸里似的，无不失了颜色。美术也是其一：学了体格还未匀称的裸体画，便画猥亵画……"（见《随感录四十三》）他告诫人们在考虑诸如此类的问题时要"眼光离开脐下三寸"（见《中秋二愿》）。鲁迅也不相信弗洛伊德的泛性论，他说："佛洛伊特恐怕是有几文钱，吃得饱饱的罢，所以没有感到吃饭之难，只注意于性欲。有许多人正和他在同一境遇上，就也轰然的拍起手来。诚然，他也告诉过我们，女儿多爱父亲，儿子多爱母亲，即因为异性的缘故。然而婴孩出生不多久，无论男女，就尖起嘴唇，将头转来转去。莫非他想和异性接吻么？不，谁都知道：是要吃东西！"（见《听说梦》）所以，鲁迅主张划清春画和裸体画的界限，使裸体画的创作和鉴赏都能摆脱猥琐的欲念，向着理性的明澈和心灵的净化升华，达到审美的愉悦。

三

现在，颇有一批学者在主张超功利，在裸体艺术上也是这样。他们说："画家和观众在创作和欣赏人体作品时都摆脱了现实生活中主宰自己行为的功利观念，而进入超功利的审美境界。"（见《中国美术报》总第 70 期）这种主张，如果指的是性功利，那自然是对的。否则，画家创作的人体作品便难以避免性的张扬和挑逗，人体艺术也就难免坠入猥亵画或春画的泥潭。但如果因此而否定人体艺术的功利性，那当然也是不对的。鲁迅论及功利与美时说过：

> 社会人之看事物和现象，最初是从功利底观点的，到后来才移到审美底观点去。在一切人类所以为美的东西，就是于他有用——于为了生存而和自然以及别的社会人生的斗争上有着意义的东西。功用由理性而被认识，但美则凭直感底能力而被认识。享受着美的时候，虽然几乎并不想到功用，便可由科学底分析而被发见。所以美底享乐的特殊性，即在那直接性，然而美底愉乐的根柢里，倘不伏着功用，那事物也就不见得美了。并非人为美而存在，乃是美为人而存在的。（见《〈艺术论〉译本序》）

人体是很美的，发育健全的青年男女人体尤其是美的。从性别看，男性人体富于壮美之感，女性人体富于柔美之态，恰如歌中唱道："阿里山的小伙壮如山，阿里山的姑娘美如花。"从造型艺术的角度分析，人既可以站、坐、躺、卧，具有静态感，又可走、跳、跑、舞，具有运动之感，还可以动静交织，千变万化，千姿百态，赋予形体或均衡对称，或变幻神奇，或刚劲有力，或婆娑多姿的造型美。既然"美为人而存在"，那么造型艺术家要研究人体美就是天经地义的，美术家要画裸体画也是顺理成章的。否则，他们便不可能创作出正确地表现人的形体姿态的美术作品来，也不可能创作出以人为主体进而反映社会生活和时代精神的美术作品来。

鲁迅自幼热爱美术，不过，在他留学日本之前，似乎不可能接触到裸体绘画。留日时期，当然会看到日本及西方的一些裸体或半裸体的绘画。鲁迅又学习过人体解剖，所以他深知不了解人体的结构、比例、形态，是很难画好人物的，也是难以造出一批出众的美术家的。可是，直到 1927 年他定居上海之前，对裸体画似乎并不怎么关注。到次年，鲁迅筹组朝华社、出版《艺苑朝华》，侧重介绍欧洲版画艺术，以推动中国新兴木刻艺术之发展，这才在大量购买欧洲画册和介绍欧洲版画艺术的同时，对裸体绘画（尤其是版画）开始给以关注和介绍。在《近代木刻选集（一）》中，鲁迅将意大利 B．迪绥尔多黎的裸体版画《罗勒多的艺文神女》选入；在《近代木刻选集（二）》中，又介绍了法国 E．C．凯亥勒的女裸体版画《〈泰伊丝〉插图》以及日本永濑义郎的男裸体版画《沉钟》；而在《比亚兹莱画选》中则收入了《阿赛王故事》的装饰画等 3 幅女裸体线画（见图27）。此外，他还将陈烟桥所刻的《拉》，收入他所编印的《木刻纪程》中，而在这幅版画中，陈烟桥刻画的是三个全裸男子。

图 27　《阿赛王故事》插图
比亚兹莱

鲁迅介绍裸体画的意义，除了要冲破封建思想的束缚和抗击半殖民地的色情画之外，最主要的是扩大艺术青年的视野，使大家注意人体的基本功训练。他在写给青年木刻家罗清桢的信中说："先生的……木刻，也很进步，但我看以风景为最佳，而人物不及，倘对于人体的美术解剖学，再加一番研究，那就好了。"（见1934年10月21日致罗清桢信）他还指出罗清桢的版画《法国公园》中"一个人的脚，不大合于现实"，是"因为对于人体的表现，还未纯熟的缘故"。（见1933年10月26日致罗清桢信）在与黄新波的谈话中，鲁迅也曾指出：学习木刻，"也要懂得人体结构"（见黄新波《不逝的记忆》）。而在写给段干青的信中，讲得就更加恳切，他说："现在的青年艺术家，不愿意刻风景，但结果大概还是风景刻得较好……至于人物，则一者因为基本练习不够（如素描及人体解剖之类），因此往往不象真或不生动，二者还是为了和他们的生活离开，不明底细。试看凡有木刻的人物，即使是群象，也都是极简单的，就为此。要救这缺点，我看一是要练习素描，二是要随时观察一切。"（见1935年1月18日致段干青信）

鲁迅在指导艺术青年重视人体表现的同时，还十分重视人体艺术的健康发展。他反对对人体做失真的描绘，例如，1934年6月2日，鲁迅在写给郑振铎的信中说："本月之《东方杂志》（卅一卷十一号）上有常书鸿所作之《裸女》，看去仿佛当胸有特大之乳房一枚，倘是真的人，如此者是不常见的。"（见图28）1934年，木刻青年张慧曾将他的裸体版画《绿了芭蕉》（后刊载于《文学》4卷3号）寄请鲁迅指导，鲁迅当即复信，批评他的作品"有颓废色彩"。后来又在写给金肇野的信中指出："张慧颇倾向唯美，我防其会入颓废一流。"（见1934年12月18日致金肇野信）由此可见，鲁迅有关裸体画的介绍和评议，都是为了促进美术运动和新兴木刻运动的健康发展，即使在20世纪30年代的白色恐怖下他四处碰壁，但在"躲进小楼"之时，虽然有时也不免要鉴赏这类裸体绘画，却依然在反对着颓废和唯美。所以，如果说鲁迅是从"唯美主义"出发，在私生活或个人的艺术情趣中保留着一块"为艺术而艺术"的领地，或者以为鲁迅激赏裸体画，

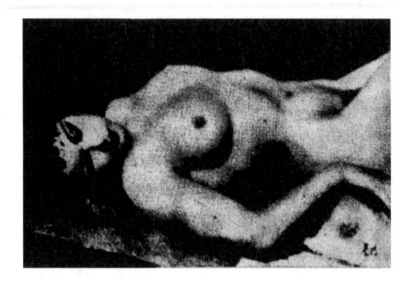

图 28　裸女　常书鸿

是从性和爱欲的角度出发，以填补由"悲观和颓废"而生出的空虚，那恐怕是一种误解。

四

既然，"美为人而存在"，而人的思想、性格又随着世事的变化和岁月的迁移在发展着，那么，人的审美情趣也就不可能是凝固不变的。我们常说：爱美之心，人皆有之。但是爱美之心虽同，审美意趣却会因为人们的社会地位、文化素养、艺术旨趣乃至年龄、性别不同而呈现某些差异。一般说来，人们对优美和壮美都乐于欣赏而不会推拒，但在一定时期也难免偏于某种走向，在审美心态中形成个人的特色。

鲁迅在中年和晚年时期，在审美意向上的确形成了与众不同的特点。概括起来说，他比较欣赏悲壮之美、粗犷之美、力量之美、恶魔之美，而对柔媚之美、纤巧之美、灵秀之美、典雅之美则不甚强调。正因为这样，当人们发现他竟然欣赏以柔美为特色的女性裸体版画时，便会感到新奇，甚至刺激了研究的灵感，禁不住要推敲一番。有鉴于此，我想结合鲁迅的审美实际，进而考察他的审美特色在欣赏裸体画方面的一些表现。

鲁迅在青少年时代，对于属于优美系列和壮美系列的美，都是欣赏的。他爱百草园中那"紫红色的桑椹"，也爱那"高大的皂荚树"，他既爱读有着许多插图的《花镜》，又爱看《山海经》中"刑天舞干戚，猛志固常在"的形象。他能欣赏"芰裳荇带处仙乡，风定犹闻碧玉香"的意境，又赞赏"扫除腻粉呈风骨，褪却红衣学淡妆"的美学追求。但到中年时代，鲁迅由于经历了社会的锤炼，也由于自身思想、性格的发展，审美心理就有所变异。比如，他早年说过："曙日出海，瑶草作华，若非白痴，莫不领会感动。"（见《拟播布美术之意见书》）到后来变了，说自己"对于自然美，自恨并无敏感，所以即使恭逢良辰美景，也不甚感动"（见《厦门通信》）。中国的民众是一向以"西湖十景"为美的，鲁迅却认为这种审美情调难免会麻痹了国人对社会矛盾和阶级冲突的深切感受，使"喜剧底人物或非喜剧非悲剧底人物，在互相模造的十景中生存，一面各各带了十景病"（见《再论雷峰塔的倒掉》）。他固然描写过那"滋润美艳"如"处子的皮肤"般的江南之雪，但相较而言，他更爱的是那"如粉，如沙"，"如包藏火焰的大雾"，足以使"太空旋转"的朔方之雪。梅兰芳的舞台艺术雍容典雅，优美动听，但鲁迅并不喜欢，他认为与其"看一位不死不活的天女或林妹妹"，不如去"看一个漂亮活动的村女"（见《略论梅兰芳及其他》）。老十三旦（侯喜麟）的梆子戏虽然俗，但"一登台，满座还是喝采"，为什么呢？鲁迅指出，"就因为他没有被士大夫据为己有，罩进玻璃罩"（见《略论梅兰芳及其他》）。鲁迅赞扬汉唐艺术的雄大气魄，不爱宋元明清文人山水画的狭小意境；他爱苏联版画的真挚有力和德国版画的粗豪，而将纤美的法国版画摆在次要的地位。许多小巧的工艺品，为文人雅士们把玩，鲁迅却说："在风沙扑面、狼虎成群的时候，谁还有这许多闲功夫，来赏玩琥珀扇坠、翡翠戒指呢？"又说："即使要悦目，所要的也是耸立于风沙中的大建筑，要坚固而伟大……"（见《小品文的危机》）鲁迅甚至对一些中外女性所钟爱的玲珑的巴儿狗、媚态的猫、预报吉祥的喜鹊也施以攻击，而宁愿去欣赏为阔人太太们所讨厌的乌鸦、赤链蛇和猫头鹰。总之，中年之后的鲁迅，在审美心态上形成了他独异的特征，而这特征，在反映时代对他的性格所给予的锤击和挤压的同时，也反映了他毫无奴颜媚骨的伟大个性。

在鉴赏裸体画方面，我以为鲁迅独特的审美心态也有着分明的体现。比如，他以《牺牲》这幅画纪念柔石的就义，是自有其哀悼的用意的，但就这版画的艺术风格来看并不是优美的，而显然是属于壮美之列的，也不是纤巧的，而是粗犷有力的。又如，比亚兹莱的艺术风格无疑是柔美而瑰奇的，鲁迅也认为，"有时他的作品达到纯粹的美"，但这并不能说明鲁迅是从"唯美"的目光出发来欣赏他的作品；鲁迅所看中的是他的作品有一种"恶魔的美"，"常有罪恶底自觉，罪恶首受美而变形又复被美所暴露"（见《〈比亚兹莱画选〉小引》）。再如，鲁迅把陈烟桥的《拉》收入《木刻纪程》，是因为画面上的人物体现了一种紧张的律动，作品具有力量之美。

我们说鲁迅审美心态的偏于壮美层次，并不意味着说他绝对地排斥优美的层次。所以，鲁迅有时又出于需要来鉴赏、翻印诸如《北平笺谱》《十竹斋笺谱》《蒋谷虹儿画选》一类的幽婉柔美之作。鲁迅说过："战士的日常生活，是并不全部可歌可泣的，然而又无不和可歌可泣之部相关联，这才是实际上的战士。"（见《"这也是生活"……》）鲁迅作为战士，由于时代的锻炼，由于他个性的倔强，形成了他侧重欣赏壮美系列的审美特色，但又虑及青年和群众的需要，也鉴赏优美系列的形象，而无论是对壮美的提倡，还是对优美的激赏，又无不和他所倡导的新兴木刻运动、新美术和新文化运动相关联。我们作为鲁迅的读者，自然可以对他的审美心态加以研讨，判明层次的主从，阐明相互的联系。但如果像李欧梵先生那样，将鲁迅的审美情趣分为一公一私、一明一暗两条线索，仿佛他对社会、对他人是革命的一套，对自己则还有"唯美的""为艺术而艺术"的一套，并且以为这才是发掘了中国鲁迅研究家们不予"承认"的，而鲁迅"内心深处"又的确存在着的"悲观和颓废的色彩"，那恐怕也是一种误解。

1986 年 12 月于京师

鲁迅对中国文人画的评述

　　要讨论鲁迅对中国文人画的看法，就必须对什么是文人画有一个基本的了解。

　　一般说来，文人画是泛指我国唐代以后文人和士大夫所作的绘画。因为他们作画不求形似，力倡写意，所以文人画又称写意画。它滥觞于唐朝之王维，宋代苏轼继之，而其大盛则在元代。号称元四家的倪瓒、黄子久、吴镇、王蒙，为文人画奠定了基础，其影响及于明清两代，画人辈出，时盛时衰。文人画的作者多出身于书香世家，精通经史九流，擅长诗文音律，且多不满现实，怀才不遇，秉性狷介，不事权贵，故其画作大都取材于山水花鸟、松竹梅兰，借以抒发性灵，泄其胸中块垒。他们在笔墨之间，虽间或寓有对民族压迫和腐败内政的愤懑之情，但就总体来说是借诗画以自娱，表现了逃避现实的消极态度。在技法上，则讲究笔墨情趣，追求诗画的意境和神韵，达到了很高的水平。然其末流，则陈陈相因，专事临仿抄袭，玩弄笔墨形式，画意贫乏，画技空疏。

　　文人画是中国绘画史上持续达千年之久的一大流派，它和历朝封建统治阶级所操纵的院画一起，构成了宋元明清绘画史的主干，而在元明清三代，画坛已基本上属于文人画的天下。因之，文人画也就大体上代表了我国封建社会后期的绘画，我们现今所说的继承中国绘画的传统，在相当的意义上指的就是文人画的传统。

　　到了清末，文人画已经衰落。"五四"前后，中国画家远涉重洋，研习西画。国内也设立美术学校，希冀育养英俊，另辟新境。与此同时，革新国画的旗帜，也为远识者所擎举。然而，文人画传统强固，革新非易，乃至数十年来浪起波平，收效甚微，致使中国画不能配合着新兴的革命势力和进步的思想一同前进。更有甚者，是往日精研西画的猛将，纷纷改习国画，回复故道，这实在不能不令人叹息！

于是，偏激之士便不能不激扬文字，评点画坛，大声疾呼"中国画已到了穷途末日的时候"（见李小山《当代中国画之我见》，载《江苏画刊》1985年第7期），希图投石击破水中天。可是，沉迷在积习中的画家却不易反省，只漫对之曰：那不过是"故作耸人听闻之言"。现在，中西美术思潮的相互撞击，也时见白浪滔天的奇观。于是又有人说，"纯粹抽象是中国水墨画的合理发展"（见《中国美术报》总第43期）。但这种主张也无非是要中国画成为欧美抽象派艺术的翻版。可见，中国画将往何处去，处在中外古今立交桥头的中国画家，又将怎样迈向东南西北的广阔天地，已经成了一个引人关注的问题。在这样的时刻，重温鲁迅对中国文人画的评议，对于探讨中国画的革新，对于阐明当代中国画家所肩负的光荣的历史使命，都是不无意义的。鲁迅没有写过评价中国文人画的专著和专论，只在他的杂文和书信中，对文人画发表过一些概括的意见。下面，先让我们来比较集中地引述他的主要观点：

1935年2月4日，鲁迅在致李桦的信中说：

> 我以为宋末以后，除了山水，实在没有什么绘画，山水画的发达也到了绝顶，后人无以胜之，即使用了别的手法和工具，虽然可以见得新颖，却难于更加伟大，因为一方面也被题材所限制了。
>
> ……
>
> 就绘画而论，六朝以来，就大受印度美术的影响，无所谓国画了；元人的水墨山水，或者可以说是国粹，但这是不必复兴，而且即使复兴起来，也不会发展的。

在《记苏联版画展览会》一文中，鲁迅又指出：

> 我们的绘画，从宋以来就盛行"写意"，两点是眼，不知是长是圆，一画是鸟，不知是鹰是燕，竞尚高简，变成空虚……

在《论"旧形式的采用"》一文中，鲁迅还指出：

> 我们有艺术史，而且生在中国，即必须翻开中国的艺术史来。采取什么呢？我想，唐以前的真迹，我们无从目睹了，但还能知道大抵以故事为题材，这是可以取法的；在唐，可取佛画的灿烂，线画的空实和明快；宋的院画，姜靡柔媚之处当舍，周密不苟之处是可取的，米点山水，则毫无用处，。后来的写意画（文人画）有无用处，我此刻不敢确说，恐怕也许还有可用之点的罢。

值得注意的是，鲁迅的这些论断，每每在美术界引起争议，有人抓住其中片言只语，说他的论述是偏激之言，还有人说鲁迅的这些看法是完全错了。但是，究竟是错误还是正确，不仅值得讨论，而且还有待于国画艺术实践和国画革新运动的发展给以证实。

为了全面正确地理解鲁迅对文人画的看法，还需要说明文人画为什么大盛于元代，相承于明清。也就是说，文人画的发展是有着深刻的社会动因和复杂的历史背景的。

我们知道，13世纪下半叶，蒙古奴隶主贵族人主中原，建立了元朝的统治，凡90余年。那时居于统治地位者皆系毳幕之民而不知文化为何物！所以，元代的统治，曾经给中华民族文化的发展带来了严重的摧残。在艺术方面，元代不设画院，不重画人。画界除赵孟頫之流少数人卖身投靠外，大部分具有民族气节的画家，皆耻于与统治者为伍，而走上了一条隐逸趋避以诗画自娱的道路。黄子久隐居富春江，王蒙避入黄鹤山，吴镇卖卜吴兴，倪瓒藏身无锡。他们不满异族的欺压，但又无力抗争；又因为这些人原本不是画家而是文人，也没有苦练写实画技的心绪，所以作画皆"逸笔草草，不求形似"，更不屑以传统的青绿色彩去装点繁华，故但以水墨没骨"聊写胸中逸气耳"。于是，墨竹、墨兰、墨山、墨水等纵情挥洒之作盛极一时。以笔墨技艺论，元代的文人画有长足的进步，但以画法论，则不免有偷懒取巧、竞尚高简之嫌。这种画风，对于唐代庄严写实的贵族风格和宋代浑雄浩荡的壮丽气魄，实在是一大悖谬！

到了 14 世纪，朱元璋崛起于民间，举恢复汉室之旗，逐元而有天下。明代开科取士，设立画院，不能说不重视文化，但在上者多严刑峻法，画家常不免因祸被杀。明初之赵原等画家因不称旨而丧命，多数文人、士大夫也慑于专制的淫威，思想遭受禁锢而无自由驰骋之余地。所以，在绘画方面，不但没有因汉文化的光复而有新的振拔，恰恰相反，而由于临仿元四家的笔墨而每况愈下。画家们墨守成规，但求无过，步科举之后尘，渐次将前人的画法凝固成种种不变的公式。明代文人画的中坚是吴派画家，他们的作品少创造，重临摹，主秀丽，乏雄伟，将中国画进一步引入了形式主义的泥潭。

降及清代，满族统治者入关。"扬州十日""嘉定屠城"，汉人仅仅为了反抗脑后的一根辫子，便不知流了多少鲜血，死了多少无辜！在文化方面，清代统治者倡经世致用之学，启训诂考据之风，以磨灭文人之斗志，又大兴文字狱，以扼杀反抗的精神。就画坛而言，在乾嘉之际，也略显中兴，但就总体而论，文人画已随着封建社会的衰落而气息奄奄。画家或游戏山林，或遁入空门，或放浪江湖，画法亦师承明代之吴派，更加软媚枯淡，不足一观。明代重临摹，但所临者还不止一家一派，故尚能诸家并进，不无可观。到了清代，画家不但日日讲师承，笔笔求来历，而且独尊黄子久一人为正宗，遂人人"大痴"，家家"一峰"（皆为黄子久之号），陈陈相因，一派死相。画坛之颓运，已达不可挽救之境地。随着时代的变化，中国画也必得革故鼎新，以求迈古越今，开拓前所未有的局面。

应当说明的是，我们显然不能以"在朝"或"在野"、"入仕"或"出仕"为标志，也不能以画"工笔"或"写意"、"着色"或"水墨"、"人物"或"山水"为标准，来判定谁是文人画画家或不是文人画画家。这是因为文人画所经历的时代是漫长的，在这漫长的时代，画家成千上万，而在这成千上万的画家中，每个人的生活经历和创作生涯几乎都是曲折而复杂的,需要逐一加以分析和考察。但是,应当肯定的是,多数文人画作者是自外于宫廷权贵,不主张受统治者驱使的,他们的画作也是强调写意,以水墨为主的。

那么,文人画又有哪些特点呢?我们应当怎样结合它的特点来理解和领会鲁迅的评议呢?

从上述对中国文人画发展轮廓的粗略勾勒,我们不难看出文人画具有如下的特点:

其一,是封建士大夫思想根深蒂固。

中国历代封建统治者对知识分子都采用了慎用严防的策略,知识分子跳不出封建专制的制约和封建道德的规范,将"立德""立功""立言"作为确立个人价值的准则。"达则兼济天下,穷则独善其身"是他们终身的座右铭。"兼济"和"独善"当然都是儒家思想,但"独善"已是处于逆境的心态,极易与道、禅思想相通。在元代,文人士大夫显然受不了异族统治的压迫,在思想上又中了些黄老之毒。他们不满现实,却又缺乏斗争意志,只好以消极的态度逃避恶浊的社会;他们不欲画人事,因为社会的现实不堪入目,岂能入画,所以只好借山水花鸟来寄托那独善的、超俗的、放逸的、清高的士大夫情致。从此,中国画充溢着浓厚的士大夫思想和气息。在明清两代,文人画之所以能相承不废,是因为封建制度的躯体尚未腐烂,文人画还能在这具衰老的躯体上寄生,但是,中国画的衰落,却也早已植根于文人士大夫思想集大成的元代。是的,封建专制的压迫.方面制造着忠顺的奴才,一方面也激发着叛逆的猛士。不过,封建义人和士人大却既非奴才,亦非猛士,而是介乎两者之间的"第三种人"。不管元、明、清三代文人画作者的胸中有多少不平,多少牢骚,多少哀怨,多少凄楚,乃至他们的画作也难免流露出某种不满现实、同情人民的情思,但就总体来看,他们的作品不过是以种遣怀的笔墨,稀释积淀于胸中的痛苦,纾解沉积在精神上的重压,以图实现心理自我调节和自我平衡的艺术。这种艺术,可以被统治阶级拿去消闲,或者当作摆设，而不是为推翻统治者服务，也不是为人民服务。

到了20世纪30年代，作为无产阶级战士的鲁迅，对封建文人士大夫的思想，自然要持批判和否定的态度，因为在两军对垒的搏战中，高人逸士的梦已经做不长久了。所以，鲁迅说："至于文人，则不但要以热烈的憎，向'异己'者进攻，还得以热烈的憎，向'死的说教者'抗战。在现在这'可怜'的时代，能杀才能生，能憎才能爱，能生能爱，才能文。"（见《七论"文人相轻"——两伤》）作文如此，作画也一样。正因为如此，鲁迅才说："元人的水墨山水……不必复兴，而且即使复兴起来，也不会发展的。"很显然，之所以"不必复兴"和"不会发展"，就因为封建文人和士大夫的思想，早已成为一种"皮之不存，毛将焉附"的货色了。中国画要革新，就必须首先要清除文人、士大夫思想及其荼毒。鲁迅的这种见解，不但不是偏激、错误的，恰恰相反，倒是击中了文人画的病根和要害。1912年，鲁迅曾购得林琴南的一幅《山水写意》（见图29），但观后的评语是"亦不甚佳"。其原因就在于画面流露出一种封建士大夫隐逸山林的情调，寄托了林琴南作为大清遗老的那种失意的、清高的情怀，这使鲁迅很反感。

其二，是文人画的题材和观念在不断缩小。

如前所述，文人画拒绝表现广阔的社会生活面将画题基本上局限于山水花鸟的狭隘天地，这就在很大的程度上堵塞

图29　山水写意　林琴南

了艺术创作的源泉。文人画论上虽有"外师造化"的说法，但所谓"造化"，也就是自然，比之以社会生活为源泉的理论已将艺术创作的源泉大大缩小而导入片面。文人画发展到明、清时代，模仿抄袭之风大盛，连"外师造化"的旗帜也基本丢弃，绘画的题材和观念日渐缩小，日趋僵化。所以，中国文人画的历史实际上不过是一部山水花鸟画的历史，绝大多数作品，都人迹罕至，即使有人物点缀其间，也只是小桥流水的陪衬而已。

在中国美术史上，汉代艺术是一个了不起的高峰，我们今天固然见不到真迹，但从汉代画像的砖石上尚可推见当时作画还是大抵以人物为中心，"以故事为题材"。鲁迅之所以认为汉画的这一特点"是可以取法的"，就因为它反映了社会生活，不失为时代的面镜子，也无愧于"国画"的称号。六朝隋唐时代，随着佛道诸教的流行和佛寺道院的兴建，道释画盛极一时。绘画题材的转向宗教，以及后来的专事山水花鸟，不能不说是对现实主义艺术的一种偏离。因此，鲁迅指出："就绘画而论，六朝以来，就大受印度美术的影响，无所谓国画了。"又说："我以为宋末以后，除了山水，实在没有什么绘画……因为一方面也被题材所限制了。"显然在鲁迅看来，国画之所以称得上是国画，应当是以现实生活为创作源泉，以国人的生活为中心题材，从而反映出民族的精神和灵魂来，而佛画、文人画虽说也是中国人的绘画，却够不上"国画"的称誉。如果一定要说它也是时代的镜子的话，充其量也不过是一面哈哈镜。论者常指鲁迅的这些评议为"偏激""错误"，这显然或是没有理解鲁迅的论断，或是文人画的毒中得太深了。因为，鲁迅的这些意见恰恰是抓准了向来被人们尊为"国粹"的文人画的致命的弱点。

其三，是文人画具有很高的艺术成就。

文人画在艺术形式方面，特别是在水墨技艺上，积数百年绘画实践之经验，愈来愈完善，获得了独特的成就。残酷的封建统治，对于画家的个性曾不断挤压，文人们也就竭力在最有限的视觉形象中，来表达全部修养和无限才情，以及真情实感和独特个性，去体现对宇宙人生的种种参悟。文人画家大都具有深厚的文化积累和文学修养，故不愿与工匠为伍，不愿媚俗，作画也多听任主观情思的支配，追求高雅恬淡，力求笔简意饶，使其内心生活外化为"第二自然"。这种任情挥洒，自不免会出现竞尚高简、流于空疏的弊端，鲁迅对此颇为不满。但是，也有许多作品是以寄寓思想情愫的方式体现了画家强烈的主体意识和个性特点，呈现了独特的艺术风格，为中国画民族风貌的形成做出了卓越的贡献。

鲁迅虽然对文人画有所批评，但对其在艺术上的成就却评价极高。他说"宋末以后……山水画的发达也到了绝顶，后人无以胜之"，也"难于更加伟大"。这不禁使我们想到了他对唐诗的评价，他说："我以为一切好诗，到唐已被做完，此后倘非能翻出如来掌心之'齐天大圣'，大可不必动手。"（见1934年12月20日致杨霁云信）将宋以后的山水画比之唐诗来评价，我想也未为不可。鲁迅还说"元人的水墨山水，或者可以说是国粹"，这也是很高的评价。正因为如此，他在论及旧形式的采用时，便特别指出，文人画也"还有可用之点"，以供我们借鉴。

如果以上的分析大体不错，那么，在鲁迅看来，中国文人画便是由文人士大夫创造的一种又伟大又渺小、又辉煌又暗淡、又丰富又贫乏、又独特又雷同、又神妙又平庸的艺术。因为在艺术上丰富而独特，甚至神妙，所以才见其伟大和辉煌；又因为思想平庸，题材狭小，形式雷同，才见其渺小和贫乏。鲁迅因为看透了中国士大夫思想的难以清除和国画传统的强固，所以他在20世纪30年代才独辟蹊径，去倡导不为艺苑所重的新兴木刻艺术，并且在倡导之时，还时时告诫艺术青年不可在思想和题材方面步入文人画的老路。

文人画尽管在艺术上成就很高，但它已经成了历史的遗产。文人画的衰落并非始自今日，中国画革新的呼声也并非现在才有。早在70年前，康有为就指出"中国近世之绘画衰败极矣"（见《万木草堂所藏中国画目》）。"五四"时期，陈独秀称文人画为"中国恶画"，并倡言改革。他认为"改良中国画，断不能不采用洋画写实的精神"（见《美术革命——答吕澂》，载《新青年》六卷一号）。

新中国成立以来，中国画的改革在题材上略有拓展，但也多是在"边疆写生""少数民族地区风情描写"方面徘徊不进，这显然是这些地区的生活比较落后，旧的艺术形式尚能加以表现的缘故。此外，我们也还偶然看到一些表现当代社会生活和人物风貌的作品，但就整体来考察，山水花鸟之作仍处在主要的地位。试看，张三画梅、李四画竹、王五画兰，除了画面上所标的年月外，又和明清时代所画的梅、竹、兰有多少不同？艺术贵在创新，忌讳重复，重复得再好，也没有多大的意义。再有，就是许多画家仿佛一辈子只画一两样东西，或者专画苍鹰，或者专画毛驴，有人专画骆驼，有人专画熊猫，仿佛在广袤无垠的大千世界中，他们只爱这一两样东西。人物画自然是有的，也无非不是钟馗打鬼，便是武松打虎。总之，是画路偏窄，对生活着、劳动着、战斗着的人民缺乏足够的表现热忱。中国画至今尚未能从士大夫怡情养性的趣味中完全解放出来。保守的国画和改革的时代，已呈现出十分尖锐的矛盾。国画艺术的推陈出新，已是刻不容缓。

中国画的革新，当然首先在人。鲁迅说："首在立人，人立而后凡事举。"（见《文化偏至论》）他又指出："美术家……尤须有进步的思想与高尚的人格。"（见《随感录四十三》）所谓"立人"，无非是彻底铲除残存在美术家头脑中的士大夫思想，确认生活是艺术的源泉，坚定地走向生活，走向人民，在无比丰富、无比广阔的社会生活中捕捉艺术创作的素材，激发艺术创作的灵感，从而发现时代之美、人民之美、祖国山河之美，并且把这种生活美、人物美、自然美，熔铸成篇，升华为艺术美。只有拓展题材，广开画路，把作画的重点由山水花鸟移向社会人生，国画艺术方能呈现新貌，令人看了，"不但欢喜赏玩，尤能发生感动，造成精神上的影响"（见《随感录四十三》），以推动祖国建设事业的飞速发展。

中国画要革新，不但应当继承我们民族绘画的优秀遗产，而且应当博采欧美艺术之所长。唐代线画的空实明快，宋代院画的周密不苟，欧洲古典画派的讲究透视、明暗、解剖，欧美现代派绘画的某些象征和抽象的手法，如此等等，皆可吸收。处在中外古今立交桥头的中国画家，不应立足于古，阻滞创新；也不应立足于中，盲目排外；更不应立足于外，否定自家的传统。我们应当立足于今，吸取中外古今一切有益的营养，开拓中国画的新天地和新局面。继承本国艺术的传统和借鉴外国的艺术作风，恰如鸟之双翼、舟之双桨、车之双轮、人之双腿一样，是缺一不可的。至于艺术形式和表现手法的创新，则一面取决于新的内容的要求，一面又取决于艺术家们的独创。它给不同流派、不同风格的艺术家们留下了八仙过海各显神通的广阔天地。

在中国艺术史上，继承民族传统和汲取外来养分，从而开创崭新局面的成例是屡见不鲜的。鲁迅所倡导的新兴木刻艺术，已经开出了璀璨的花朵，便是一个绝好的例证。中国画虽有某种危机存在，但绝不是不可克服的危机。"山重水复疑无路，柳暗花明又一村"，只要我们热心地表现新的生活、新的时代，并在传统技法的基础上不断创新，中国画的前景依然是无限光明、无限美好的。

《拈花集》后记

鲁迅说过：我国的新兴木刻艺术"是取法于欧洲，与古代木刻并无关系"的。因而，对于中国新兴木刻艺术的发展和提高来说，"最要紧的是绍介作品"。比之欧洲，我国的创作木刻落后了六七十年，直到 20 世纪 30 年代，我国艺术学院的教授也不知道应当重视版画，青年们无所借鉴，在黑暗中摸索。因此，也只有介绍欧洲的作品，才能给艺术学徒们提供学习和借鉴的范本。

对于苏联的版画，鲁迅非常爱重。首先，因为当时"苏联的存在和成功"已经使鲁迅"确切的相信无阶级社会一定要实现"，因之，通过版画艺术的介绍，使中国人民看到苏联"建设的成绩""看见飞机，水闸，工人住宅，集体农场……"，不仅可以了解社会主义苏联的真相，而且还能够鼓舞大众"用骨肉碰钝了锋刃，血液浇灭了烟焰"，去迎接"新世纪的曙光"。其次，在 20 世纪 30 年代，我国的艺苑，至少是存在着如下两种不良的倾向：其一，是受了西方现代派艺术的影响，追逐怪异；其二，是许多思想激进而单纯的艺术青年，忽视技巧，作品幼稚。鲁迅当然不反对介绍和借鉴西方现代派艺术，但他反对现代派追奇逐怪、任意挥洒的画风。因此，介绍苏联版画，既可以使弥漫于我国艺苑的不良作风得到端正，又可以使忽视技巧的青年们惊醒起米，为进一步提高我国木刻艺术的思想水平和艺术水平而奋进。

早在 1929 年 3 月，鲁迅在他所编印的《近代木刻选集（二）》中，就介绍过一幅苏联版画，题为《窗内的人》。这是版画家陀蒲晋司基（通译多布任斯基）在 1922 年为陀思妥耶夫斯基的小说《白夜》所作的一幅插图。虽说仅仅是一幅，但却是最初的介绍。到了 1930 年，鲁迅又选用了日本升曙梦编著的《新俄美术大观》中的 5 幅插图和奥地利勒内·菲勒普·米勒著的《布尔什维克的精神与面貌》中的 8 幅插图，编印出版了《新俄画选》。在这 13 幅（其中 1 幅系封面小图）作品中，木刻占了 5 幅：有法孚尔斯基（即法复尔斯基）的《墨斯科》（即《莫斯科》）、保里诺夫（即保夫理诺夫）的《培林斯基像》和古泼略诺夫的《熨衣的妇女》。此外的两幅是《列宁的遗骸任人瞻礼》和《列宁的葬礼》，鲁迅注为"作者未详"，其实在前一幅作品的左下方刻有"AK"两个俄文字母，已表明这是阿列克谢耶夫·克拉甫兼珂所作，可惜鲁迅当时未能辨认出来。鲁迅在书前的《小引》中说："新俄的美术，虽然现在已给世界上以甚大的影响，但在中国，记述却还很寥寥。"足见，鲁迅的介绍，在中苏版画交流史上，无疑是重要的一页。不过，这些介绍，都还不是直接搜求苏联木刻原拓加以印制，而是从有关书刊上复制，予以翻印。

鲁迅对苏联木刻原拓的搜集始于 1931 年，而曹靖华则是其间的桥梁。这年，鲁迅因校印曹靖华所译《铁流》，极想觅得该书的木刻插图，又因他正全力倡导新兴木刻运动，渴望广泛介绍苏联版画，为我国的木刻青年运送精神食粮，便写信给正在莫斯科中山大学任教的曹靖华，托其觅购。苏联版画家们都说印画莫妙于中国纸，他们的作品可以不取报酬，只希望能寄送一些宣纸就好。就这样，鲁迅便以宣纸之"砖"为我们换来了苏联版画之"玉"。据《鲁迅日记》所载：从 1931 年 12 月 8 日至 1933 年 11 月 14 日，他所收到的苏联木刻原拓，共有 118 幅。他在写给曹靖华的信中一再赞赏说：在"中国和日本，皆少见此种木刻"，"日日想翻印"，"一定要绍介"。1934 年 1 月，鲁迅从上述 118 幅作品中选出 60 幅，编成《引玉集》。同年 3 月 1 日，送日本精印 300 部，至 5 月出版。1935 年又再版 215 部，均很快售罄。这对许多木刻青年来说，无异于是雪中送炭。《引玉集》的出版，对于推动我国新兴木刻运动的发展，对于提高木刻艺术的水平，都起了极其良好的作用。

《引玉集》所收木刻，计密德罗辛 3 幅，克拉甫兼珂 1 幅，毕斯凯莱夫 9 幅，法复尔斯基8幅，保夫理诺夫1幅，冈察罗夫（即冈察洛夫）7幅，毕珂夫6幅，莫察罗夫（即莫恰洛夫）2幅，希仁斯基4幅，亚历克舍夫14幅，波查尔斯其4幅。书前印有陈节（即瞿秋白）摘译的楷戈达耶夫所作《十五年来的书籍版画和单行版画》，算作序言。目录的排列，也照序中的叙述次序而划定先后。书末印着鲁迅先生所作的《后记》。《后记》中虽然说明"选出六十幅来，复制成书"，但从目录上计算，则为59幅。这可能是毕斯凯莱夫所作《铁流》之图第四，分为2幅，而在目录中算作一幅之故。

《引玉集》所收版画的内容，颇难作出扼要的概括。大体说来，它是部反映十月革命前后的战斗生活和苏联社会主义建设的画集。但这也仍不足以概括全体，因为它还有19世纪70年代革命家法庭斗争的写照，还有英国生物学家达尔文和法国作家普鲁斯贝·梅里美像，此外又有风景画等等。

编印《引玉集》的时候，鲁迅就想再编一本苏联木刻插画集，专印文学作品的插图。为此，他将已经收到的亚历克舍夫所作《城与年》插图20余幅，留下备用。在写给友人的信札中，他常常把《引玉集》称为"木刻第一集"，把日后拟印之插画集称作"二集"。1935年1月26日，当鲁迅获悉亚历克舍夫不幸逝世的消息后，便在写给曹靖华的信中说："他还有《城与年》二十余幅在我这里未印，今年想并克氏、冈氏的都印它出来。"此后，他还想把《城与年》插图单独出版，但到1936年3月间，又决定维持原议，仍出插画集，并将书名定为《拈花集》。不难看出，《拈花集》是《引玉集》的姊妹篇，是鲁迅继《引玉集》之后，再一次对苏联木刻作品所作的集中介绍。

1936年3月26日，鲁迅在写给曹白的信中曾说："现在正在计画另印一本木刻，也是苏联的，约六十幅，叫作《拈花集》。"但是，此后不久，鲁迅即病逝，编印之事，遂成遗愿。

从鲁迅逝世至今已将近半个世纪，文化界，尤其是美术界和鲁迅研究界的朋友们，常常将《拈花集》的未能出版引为憾事！1984年春天，北京鲁迅博物馆为了筹办馆刊和鲁迅美术藏品展览,将珍藏了数十年的一批苏联木刻原拓拿出来,请戈宝权先生和我加以整理,并准备在鲁迅逝世50周年时将《拈花集》出版,完成鲁迅的遗愿,满足读者的要求。这是一件很有意义的工作,我们自然乐于尽力。

但是,在整理原件的过程中,我们发现,鲁迅生前似乎未来得及对这些作品加以编辑,因为既无目录,亦未分类。由于岁月已久,木刻原拓纸已发黄,虽然有些木刻家的铅笔署名和对原作的说明还依稀可辨,但有些作品并无一字说明,画题颇难确定,整理工作的进展很不顺利。不过事有凑巧,适逢戈宝权出访苏联,正好将疑难带到莫斯科去,设法查询,这才基本上理清了这些木刻珍品的眉目。

《拈花集》所收作品的范围,除了鲁迅在编《引玉集》时已经收到而未编入的《城与年》插图之外,还应包括他在1934年春编完《引玉集》之后所收到的全部苏联木刻原拓。鲁迅当年限于财力,只想选印,我们今天整理出版,当然就应该全部收入了。

据《鲁迅日记》和"书账"所载,在《引玉集》出版以后,他所收到苏联木刻原拓共为84幅。现依次摘述如下:

1934年9月19日:得克拉甫兼珂信并木刻15幅。

1934年10月9日:得冈察罗夫木刻14幅。

1936年2月1日:得苏联作家木刻原拓45幅。

1936年3月2日:得苏联木刻3幅。

1936年6月"书账":得苏联木刻原拓7幅。

上述1934年两次所收29幅木刻原拓,分别为克拉甫兼珂所作《静静的顿河》第一部的插图和冈察罗夫为伊凡诺夫短篇小说所作的插图。均系作者从苏联寄赠。1936年3月2日所得3幅,是当时寓居苏联的德国美术评论家艾丁格尔(Ettinger)所寄赠。据《鲁迅日记》所载:这3幅分别为法复尔斯基所作《少年歌德像》、苏沃罗夫所作《古物广告》和毕珂夫的三色木刻——波斯诗人哈菲兹(即哈斐支)

《抒情诗集》首页插图。在这幅三色木刻的背面，还有许广平的铅笔题署："鲁迅病中收到，苏联木刻家寄来，非常喜爱，为病中浏览珍品。"

1936年2月1日所得之45幅，虽然也是苏联木刻家们的赠品，但却是随着苏联对外文化协会在我国举办的苏联版画展览会转来的。同年2月21日，苏联版画展览会由南京移至上海八仙桥青年会开幕，此前20天，即2月1日，苏联方面通过茅盾把赠品交来，还附送《苏联版画展览会目录》一本，请鲁迅撰文予以评介。鲁迅于2月17日，撰写了《记苏联版画展览会》一文，发表在2月24日的《申报》上。按照《鲁迅日记》的记载，这批原拓木刻是45幅，但北京鲁迅博物馆所珍藏的有49幅。分别为希仁斯基所作凯勒短篇小说和《雷列耶夫文集》插图6幅；布多戈斯基所作《卡里来和笛木乃》《远大前程》插图13幅；波查尔斯基所作《弃儿汤姆·琼斯的历史》插图7幅和列宁格勒（今圣彼得堡）风景2幅；莫恰洛夫所作《奥多耶夫斯基诗集》和《巴黎公社与艺术家》插图8幅；梅泽尔尼茨基所作《一天的开始》等插图6幅；密德罗辛单幅木刻5幅；奥尔洛娃·莫恰洛娃《风景》（见图30）之作2幅。为什么多出4幅呢？这或许是因

图30 风景 莫恰洛娃

《鲁迅日记》中有失记或误记之处。至于1936年6月"书账"中所记的"7幅"，则应是鲁迅2月23日参观苏联版画展览会时所订购的原拓。不过，他在当天的《日记》项下所记的是"定木刻3枚"。又据许广平回忆，说是"定购了8幅"，并说"有一天，史沫特莱女士亲自送来了，而且口头带来的好意，是苏联大使把他订购的8幅连同镶好的镜框全送给他了，一个钱也不要"。这些木刻，现存上海鲁迅纪念馆，经查核，既不是"3枚"，也不是"8幅"，而是7幅。这和鲁迅"书账"中所列的幅数完全相符，可见鲁迅是原订3幅，而后来苏联方面赠送了7幅。这7幅分别是：

> 毕珂夫：《拜拜诺娃画像》
>
> 索洛维奇克：《高尔基像》
>
> 保夫理诺夫：《契诃夫像》《普希金像》
>
> 克拉甫兼珂：《第聂伯水电站工程》《巴库油田风景》
>
> 斯塔罗诺索夫：《铸铁厂》

此外，北京鲁迅博物馆还存有法复尔斯基的另外两幅木刻，其一是蓝色图案性作品《皮利里亚克小说装饰画》，鲁迅收到的时间难以考定，其二，是《七个奇迹》的插图。既然是名家之作，鲁迅又异常珍爱，自不应使之成为遗珠，也一并编入。亚历克舍夫的《城与年》插图，鲁迅是早在1933年11月14日就收到的。原图应是28幅，鲁迅收到的是27幅。他在1934年6月11日致曹靖华的信中说："插画本《城与年》早收到了，和书一对照，则拓本中缺一幅，但也不要紧，倘要应用，可以从书上复制出来的。"1934年初，鲁迅在编印《引玉集》时，因为虑及幅数较多，中国当时还没有小说《城与年》的译本，加之，还有续编《拈花集》的打算，所以"姑且留下，以待将来"。后来，他还请曹靖华写了《城与年》的故事梗概并据以提炼词句，为插图逐一加写了说明，准备单独付印。可是，种种筹划，均未实现。直到鲁迅去世后10年，也就是1946年，曹靖华译出了小说《城与年》，在行将付印出版之际，又念及这套珍贵的插图，他便赶赴上海，同许广平在鲁迅的藏书中翻查，"不但找到了《城与年》的插图精本，不但找到了亚氏的手拓全部木刻，而且精本中每幅间还夹着一条宣纸，上边题着先生的说明"。曹靖华又说："我当即冒着酷暑，亲自到制版所里，同豫才先生的题字，——监制了锌版，原件仍交景宋兄保存，借作纪念。"这样，《城与年》的木刻插图并鲁迅题写的说明，才印入了1947年上海骆驼书店出版的《城与年》中，首次和读者见了面。不过，这书出版已经有数十年，今天的读者也不容易看到。所以，我们仍将这套插图，遵照鲁迅最初的计划，收入《拈花集》内，以存艺术史料，并飨广大读者。

《拈花集》共收16位苏联木刻家的作品120幅。对于这些作品的艺术风格和成就，这里只能粗略地谈谈自己的认识。法复尔斯基是早在苏联内战时期，就改革木刻，率领青年不断前进的巨匠。不过，《拈花集》仅收他的作品3幅，要全面了解他的艺术风格显然是不够的。好在鲁迅编印的《引玉集》中收有他的8幅作品，鲁迅选定的《苏联版画集》内，又收入了他15幅木刻，都是可以参看的。概括说来，他的作品黑白对比强烈，线条充满了力的律动。他的作品给我国木刻家的影响是颇大的，据我所知，刘岘先生的木刻就颇得益于他。冈察罗夫在艺术风格上是属于法复尔斯基一派的，自然有相近之处，但他似乎不大追求线条的韵律，而较多地注意光线的艺术效果。他的画面往往黑多于白，常以简捷的刀法，突显人物情态的真实。至于克拉甫兼珂，则恰如鲁迅所说：他"是一位天才的装饰画家，他的所有作品，都呈现出均匀老练、具有度量和趣味的感觉，他那异常神妙的技巧，足以成全了他在苏联艺术界中应该占有的地位"。他的《静静的顿河》插图，更显示了多方面的艺术才华。刻画景物，细致逼真；描绘场面，紧张热烈；手法或严谨，或夸张，多恰到好处；色调或明丽，或暗淡，皆运用自如。布多戈斯基，善以背景的安谧衬托人物神态的刹那，风格是静穆安详的。梅泽尔尼茨基的作风与他颇相近。索洛维奇克之作刻线细密而有组织（见图31）。此外，

图 31
高尔基像
索洛维奇克

希仁斯基构图的不拘一格，波查尔斯基刀法的有力多变，密德罗辛取材的广泛，
各自的艺术特色都呈现出来。莫恰洛夫和莫恰洛娃，在艺术作风上均以细密见长，
不过，前者精细而明朗，后者纤细而潇洒，都颇为难能可贵。毕珂夫的作品，刻
画了美丽的女性，但它真挚而非轻佻，给人以美的享受。总之，恰如鲁迅在评价
苏联版画的艺术成就时所指出的那样："它不像法国木刻的多为纤美，也不像德
国木刻的多为豪放；然而它真挚，却非固执，美丽，却非淫艳，愉快，却非狂欢，
有力，却非粗暴；但又不是静止的，它令人觉得一种震动，这震动，恰如用坚实
的步伐，一步一步，踏着坚实的广大的黑土进向建设的路的大队友军的足音。"
倘若把鲁迅的这段话，用来概括《拈花集》的艺术风格和成就，恐怕是非常精湛的。

　　岁月的积尘终不能掩盖艺术明珠的光辉。这百多幅苏联版画曾经是 20 世纪

30 年代鲁迅先生引玉拈花培育英才的见证，也是中苏两国艺术家和人民友谊的见证。这些作品，即使在木刻家故国的苏联，恐亦少见，或竟无存。因而，《拈花集》的出版，不仅是对于鲁迅先生的一个意义不凡的纪念，不仅给我国文艺界、美术界和鲁迅研究界提供了具有学术和艺术价值的珍贵资料，而且对于中苏文化交流史的研究，也将是一个贡献。

鲁迅与苏联版画的关系，最集中地反映在《引玉集》和《拈花集》这两部画册上，由于《引玉集》早已出版，大家并不陌生，所以本文也就略略带过，而更为详细地介绍了《拈花集》的内容和编辑出版的过程。

（本文原载 1986 年人民美术出版社的《拈花集》中，收入本书时，标题做了变更，内容亦有增删）

引进世界的名家名作，推进我国版画艺术的发展与繁荣
——《鲁迅藏外国版画全集》总序

我们中国是版画艺术的故乡和摇篮。鲁迅说："镂像于木，印之素纸，以行远而及众，盖实始于中国。"现存最早的木刻，是清末发现于敦煌的唐咸通九年（868年）木刻本《金刚经》画页《祇树给孤独园》说法图（现藏伦敦大英博物馆）。它较之欧洲较古老的木刻画《圣·克利斯多夫》（1423年）要早五百多年。

约在14世纪初，我国木刻术传入欧洲。按照鲁迅的说法，"那先驱者，大约是印着极粗的木版图画的纸牌"。其后，欧洲各国便开始以木刻来制作扑克牌、宗教画和书籍插图。15世纪中叶，铜版画首先在意大利出现。18世纪末，石版画在德、法等国率先问世。但不论是木刻、铜版或石版画，最初都是由工匠复制画家的作品，被统称为"复制版画"。恰如鲁迅所说："欧洲的版画，最初也是或用作插画，或印成单张，和中国一样的。制作的时候，也是画手一人，刻手一人，印手又是另一人，和中国一样的。大家虽然借此娱目赏心，但并不看作艺术，也和中国一样。"（见《介绍德国作家版画展》）

但是，到了19世纪中后期，欧洲创作版画蔚成风气。"许多有名的艺术家，都来自己动手，用刀代了笔，自画，自刻，自印，使它确然成为一种艺术品，而给人赏鉴的量，却比单能成就一张的油画之类还要多。这种艺术，现在谓之'创作版画'，以别于古时的木刻，也有人称之为'雕刀艺术'。"进入20世纪之后，欧洲版画一方面呈现了木、铜和石版画齐头并进的局面，并在艺术观念上屡屡受

到现代派思潮的影响；另一方面则是随着无产阶级革命运动的勃兴，版画艺术的战斗性获得了前所未有的发挥。德国的珂勒惠支、梅斐尔德、格罗斯，比利时的麦绥莱勒，苏联的法复尔斯基、克拉甫兼珂等，都堪称欧洲创作版画的艺术大师。

然而，我国的古典木刻却未能顺乎自然地发展成为创作版画。到清末民初，由于西方印刷术的传入和推广，古典复制木刻已经濒于衰亡。五四运动前后，虽然在京、津、杭开设了美术学校，但也仅仅是传授国画和油画。面对欧洲创作版画大师辈出、名作林立的鼎盛局面，我们落后了七八十年。

鲁迅是我国新兴版画运动的开山。他在考察中外美术运动的历史和现状的基础上，从我国国情实际和革命需要出发，认定"当革命时，版画之用最广，虽极匆忙，顷刻能办"，认定版画"是正合于现代中国的一种艺术"，并在晚年全力倡导这门艺术。大量介绍外国版画的是他，编印我国古典版画遗产的是他，扶植新兴木刻社团的是他，指导青年创作的是他，创立版画理论的也是他。他是我国版画界一致公认的导师。他的版画活动和版画理论，已经给我国的现代版画运动以极为深刻而广泛的影响。这种影响，还将长期继续下去。

鲁迅倡导中国现代版画运动的第一步，便是大量介绍欧美的新作，自费编印画册和举办展览，给我国的版画青年们提供学习和借鉴的范本。他曾把"绍介欧美的新作"和"复印中国的古刻"比作"中国的新木刻的羽翼"。他的这一论断显然是非常正确的。因为，任何一种新的艺术形式都要对古人和外国人的已有成果加以继承。又因为我国的创作木刻是直接"取法于欧洲"的，所以介绍欧美，尤其是德国和苏联的现代版画艺术，更显得十分紧迫和格外重要。鲁迅在规划中国现代版画的发展前景时曾经指出："采用外国的良规，加以发挥，使我们的作品更加丰满是一条路；择取中国的遗产，融合新机，使将来的作品别开生面也是一条路。"这里所说的"良规""新机"，指的都是在艺术创新的时候，必须借鉴外国版画的长处。在写给美术青年们的信中，他也一再强调："要技艺进步，看本国人的作品是不行的，因为他们自己还很有缺点；必须看外国名家之作。"

从《鲁迅日记》的记载，我们可以知道，他对外国原拓版画的搜求和收藏是非常辛勤的。除了在上海商务印书馆订购外，还先后委托在德国留学的徐诗荃（梵澄）和美国记者史沫特莱，在法国留学的季志仁、陈学昭，在苏联工作的曹靖华和寓居苏联的德籍美术评论家艾丁格尔，以及日本友人内山嘉吉和山本初枝等替他大量购集外国版画原拓之作以及画册、书刊。给徐诗荃汇款千元以上，给曹靖华写信百封之多，都主要是为了搜求和购集外国版画原拓。其花费之巨、所得之富都是相当可观的。

一

编印《鲁迅藏外国版画全集》（以下简称《全集》）自应以他所购藏的大量欧美、苏联和日本版画原拓作品为主要内容。全集共收入北京鲁迅博物馆和上海鲁迅纪念馆的藏品1673幅。《全集》分为五卷，依次为：《欧美版画卷》（上）、《欧美版画卷》（下）、《苏联版画卷》、《日本版画卷》（上）、《日本版画卷》（下）。

第一、二卷收入以珂勒惠支、梅斐尔德、格罗斯、佩赫斯坦因等为代表的德国版画家的力作，也收入美国（如阿契本科）、法国（如康斯坦·勒布莱东）、奥地利（如科科希卡）等欧美诸国艺术家的作品，但以德国版画数量最多，质量最高，即是以德国版画为主体。1934年6月18日，鲁迅在致台静农的信中说："我所藏德国版画，有四百余幅，颇欲选取百八十幅，印成三本以绍介于中国，然兹事体大，万一生意清淡，则影响于生计，故尚在彷徨中也。"他在写给陈铁耕、杨霁云等友人的信中，均提及德国版画的编印事宜，并说："迟迟早早是总要印的，要不然，不是白收集一场了么？"但看来，终因巨款难筹，仅在1936年编印了《凯绥·珂勒惠支版画选集》（收作品20余幅），而未能实现编印《德国版画集》的宏愿。我们这次编印《全集》，查阅了鲁迅的藏书和藏画，所得之欧美版画原拓共有以下几种：

《创造》版画集刊（*Die Schaffenden*），德国韦斯特海姆（P. Westheim）主编。该刊约始于 1918 年，终刊年月未详。年出四集，每集十幅，皆系当时德国版画家或旅居德国之欧美艺人所作。据《鲁迅日记》1930 年 4 月 27 日载："由商务印书馆从德国购来 *Die Schaffenden* 第二至第四年全份各四帖，每帖十枚，又第五年份二帖共二十枚……每枚皆有作者署名，间有着色。"另，同年 12 月 12 日又载："往商务印书馆取得从德国寄来之 *Die Schaffenden*（VI Jahrgang）二帖二十枚。"两次所得共 16 帖，凡 160 幅。每帖大小皆同，包括木刻、铜刻和石版等，而尤以石版画为数最多。每帖都附介绍文字四页，然撰写者非一人，水平不等。内中涉及之艺人多达八十余位，他们大都出生在 19 世纪之末，创作盛期当在 20 世纪 20 年代前后，故 20 世纪 90 年代徐诗荃先生翻译《创造》版画集刊和其版画家生平时，只标明作者之生年、学历以及对作品风格进行简述，而对其后之升沉存殁尚难以落笔。所幸进入 21 世纪以来，通信、网络各种查询查证手段丰富，除部分艺术家，如德国的阿尔多·帕托齐、爱德华·贡辛格，立陶宛的拉赫尔·扎利特－马库斯等，实难稽考外，大部分艺术家的生平已得到证实，唯每幅作品的创作年代仍无法准确考证出来。

《耶稣受难图》（*Passion*），德国塔尔曼作，木刻画 8 幅。据《鲁迅日记》1930 年 4 月 30 日载，此图系由徐诗荃从德国购寄而得之。

《你的姊妹》（*Deine Schwester*），木刻连环画 7 幅，德国卡尔·梅斐尔德作，系徐诗荃从柏林购寄。《鲁迅日记》1930 年 7 月 21 日项下有收到的记载，但幅数误记成"五幅"。收到不久，鲁迅便拟就封面和简短的说明，准备出版。但因同年 9 月 12 日，又收得徐诗荃所寄之梅斐尔德木版连作《士敏土之图》10 帧，两相比较，觉得后者表现着"粗豪和组织的力量"，是对社会主义新生活的歌颂，不像揭露资本主义制度罪恶的《你的姊妹》，仅见"悲悯的心情"，因此，便决定先印《士敏土之图》，而将《你的姊妹》的出版搁置了下来。

图 32 上帝的化身 恩斯特·巴尔拉赫

《士敏土之图》(*Zement*),木刻插图 10 幅,德国梅斐尔德作,系徐诗荃购寄。《鲁迅日记》1930 年 9 月 12 日项下有收到的记载。

《上帝的化身》(*Die Wandlungen Gottes*),德国恩斯特·巴尔拉赫(Ernst Barlach)作,木刻画 7 幅。(见图 32)据《鲁迅日记》1930 年 10 月 19 日载,此图亦系由徐诗荃从德国购寄所得。

《为托尔斯泰〈克莱采奏鸣曲〉所作镂版画》(*Zwalf Radierungen and einRadiertes Titelblatt zu Tolstojs Kreutzersonate*),德国威利·盖格尔(Willi Geiger)作,共 14 幅(含封面画一幅)。据《鲁迅日记》1930 年 10 月 28 日记载,系从商务印书馆购得。

《卡尔·施特恩海姆〈编年史〉插图》(*Holzschnitte zu Carl Sternheim Chronik*),比利时麦绥莱勒作,16 幅。(见图 33)据《鲁迅日记》1930 年 10 月 28 日载,此插画系从商务印书馆购得。

《席勒剧本〈强盗〉警句图》(*Die Rauber*),德国乔治·格罗斯(George

图 33
卡尔·施特恩海姆
《编年史》插图
麦绥莱勒

Grosz）作，石版画 9 大幅。（见图 34）1931 年 5 月 15 日，鲁迅从商务印书馆购得。

《织工的反抗》（见图 35）和《农民战争》，共 16 幅，德国凯绥·珂勒惠支作。
《鲁迅日记》1931 年 5 月 24 日有收"Kathe Kollwitz 版画十二枚"记载，此即《织
工的反抗》版画，为石刻，一套 6 幅，共两套。（1931 年 8 月 20 日鲁迅将其中
一套赠予内山嘉吉）。又同年 7 月 24 日有"得 Kathe Kollwitz 作版画十枚"之记载，

图 34　席勒剧本《强盗》警句图　乔治·格罗斯

图 35　织工的反抗　凯绥·珂勒惠支

此应是历史连续画《农民战争》，系铜版画。

查理·波特莱尔《散文小诗》木刻插图，147 幅。作者为法国木刻家康斯坦·勒布莱东。据《鲁迅日记》1929 年 4 月 23 日载，此书系陈学昭代买。

《圣·吕克〈福音〉第二十三章插图》3 幅，法国丹尼尔·瓦普莱尔作。

这些作品，除《士敏土之图》和《凯绥·珂勒惠支版画选集》共三十余幅作品之外，其余的在鲁迅生前均未编印出版，但却举办过一次公开展览。1931 年尾，寓居上海的第三国际工作人员、开设瀛寰图书公司的德国汉堡嘉夫人（Mrs. Hamburger）筹办了"德国作家版画展"，展品全由鲁迅先生提供。由于格罗斯等人的作品大至三尺，镜框难筹，展览延至次年 6 月 4 日方才举行。为了扩大这次展览的影响，鲁迅还特意在"左联"机关报《文艺新闻》上发表了《介绍德国作家版画展》一文。文中说：

> 近闻有德国的爱好美术的人们，已筹备开一"创作版画展览会"。其版类有木，有石，有铜。其作家都是现代德国的，或寓居德国的各国的名手，有许多还是已经跨进美术史里去了的人们。例如亚尔启本珂（Archipenko），珂珂式加（O. Kokoschka），

法宁该尔（L.Feininger）， 沛息斯坦因（M.Pechstein），都是只要知道一点现代艺术的人，就很熟识的人物。此外还有当表现派文学运动之际，和文学家一同协力的霍夫曼（L.von Hofmann）、梅特那（L.Meidner）的作品。至于新的战斗的作家如珂勒惠支夫人（K.Kollwitz），格罗斯（G.Grosz），梅斐尔德（C.Meffert），那是连留心文学的人也就知道，更可以无须多说的了。

这展览会里，连上述各家以及别的作者的版画，闻共有百余幅之多，大者至二三尺，且都有作者亲笔的署名，和翻印的画片，简直有天渊之别，是很值得美术学生和爱好美术者的研究的。[1]

由此可见，珂勒惠支夫人的作品，梅斐尔德的《你的姊妹》，格罗斯的《席勒剧本〈强盗〉警句图》，《创造》版画集刊中科科希卡、阿契本科等名家之作以及"别的作者"的作品，均系这次版画展中的主要展品，也是鲁迅生前拟印的《德国版画集》的主要内容。这次编印全集，自应全部收入。

二

《全集》第三卷集中收录苏联版画，约二百幅。苏联也曾是欧洲国家，但因为其社会制度与欧美不同，鲁迅对苏联版画的收藏格外看重，而且所藏数量又多，故独立成册。1931 年，鲁迅因校印曹靖华所译之《铁流》，极想觅得该书的木刻插图；又因为他正全力倡导现代版画运动，渴望广泛介绍苏联版画，便写信给曹靖华，托其觅购。曹靖华回信说：苏联版画家们表示作品不取报酬，只希望鲁迅能寄送一些宣纸，因为印版画莫妙于中国纸。于是，鲁迅便买了大批纸张寄往

---

1 原文中所列画家名皆为当时译法。现分别译为："亚尔启本珂"为"阿契本科"，"珂珂式加"为"科科希卡"，"法宁该尔"为"法宁格"，"沛息斯坦因"为"佩赫斯坦因"，"梅特那"为"梅德纳"。

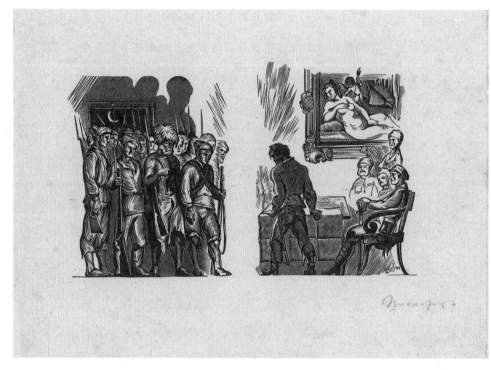

图 36 《铁流》插图 毕斯凯莱夫

苏联，以宣纸这"砖"，为我们引来了苏联版画之"玉"。据《鲁迅日记》记载，从 1931 年 12 月 8 日到 1933 年 11 月 14 日，他所收到的苏联木刻原拓共为 114 幅（其中《〈铁流〉图》有 4 幅重复，未计在内），现详录如下：

1931 年 12 月 8 日，得"毕斯凯莱夫木刻《〈铁流〉图》四枚"（图 36）。

1932 年 6 月 3 日，得"P. Pavlinov 木刻一枚，A. Gontcharov 木刻十六枚"

1932 年 6 月 7 日，得"A. Kravtchenko 木刻一幅，N. Piskarev 木刻十三幅，V. Favorsky 木刻六幅"。（据《日记》"书账"）

1933 年 8 月 20 日，得"V. Favorsky 木刻六枚，又 A. Tikov[1] 木刻

---

1 似应为 Pikov。

十一枚"。

1933 年 11 月 14 日，得"苏联作家木刻五十六幅"。[1]

至 1934 年初，鲁迅从上述 114 幅作品中选取 59 张图，编成《引玉集》，于同年 5 月出版。

在编印《引玉集》的时候，鲁迅就计划再编印一部苏联木刻插图集，专印文学作品的插图。在写给朋友们的信中，他常常把《引玉集》称作"苏联木刻第一集"，而将拟印之插图集称为"二集"。这一方面是因为编印《引玉集》时，他就留了一些插图（如阿列克谢耶夫所作之《城与年》插图）未印，另一方面是因为苏联版画家还将有一批插图寄来。果然，在《引玉集》出版后，鲁迅又陆续收到不少苏联版画原拓，其中插图作品较多，总计有 84 幅，他在日记中均有记录：

> 1934 年 9 月 19 日，得"A. Kravtchenko 信并木刻十五幅"。[2]
>
> 1934 年 10 月 9 日，得"冈察罗夫所寄木刻十四幅"。[3]
>
> 1936 年 2 月 1 日，得"苏联作家原版印木刻画四十五幅"。[4]
>
> 1936 年 3 月 2 日，得"木刻《少年哥德像》（Favorsky）、《古物广告》（Anatole Suvorov）、《波斯诗人哈斐支诗集首叶》（T. Pikov）各一幅"。
>
> 1936 年 6 月，得"苏联木刻原拓七枚"。（据《日记》"书账"）[5]

由于所得之苏联木刻插图渐多，鲁迅编印插图集的愿望也就时在心头。1936 年 3 月 26 日，他在写给曹白的信中说："现在正在计画另印一本木刻，也是苏联的。"并将这本木刻插图集定名为《拈花集》。不难想见，《拈花集》不仅是

1　据鲁迅《引玉集》后记所述，这 56 幅作品为"莫察罗夫（即莫恰洛夫）2 幅，希仁斯基和波查尔斯基各 5 幅，亚历克舍夫（即阿列克谢耶夫）41 幅，密德罗辛 3 幅"。

2　即克拉甫兼珂所作《静静的顿河》第一部插图。

3　即冈察罗夫（现译冈察洛夫）为伊凡诺夫短篇小说所作之插图。

4　这批作品是苏联版画展览会举行时，苏联对外文化协会赠予鲁迅的。

5　这 7 幅作品是鲁迅参观苏联版画展览会时订购的，后来苏联方面赠予了他。

《引玉集》的续编，而且是姊妹篇。但遗憾的是，此集未及出版，鲁迅先生便溘然长逝了。

另外，我们查阅鲁迅藏书时，还发现了一本苏联《儿童版画集》，也是原拓。据《鲁迅日记》1933年9月11日记载，这本版画集是从日本科学社寄来的，内收莫斯科市莫斯科河外区第四、第七小学8位小版画家的22幅胶版画。据书中说明，这是苏联"第一次收集儿童创作"的一本书。于是，就把它一并编入苏联版画卷。

三

《全集》第四、五卷，编印日本现代版画，总数在千幅左右，而且从未在我国出版。这些作品是：

《创作版画》（Hanga），系由日本神户版画之家编印，山口久吉主编。1924年2月创刊，1930年4月终刊，每辑收原拓10枚，共出16辑。鲁迅所藏为一至十四辑，另有特辑一卷（5枚）。一至四辑系山本初枝女士寄赠，其余系从上海内山书店或汇款给山口久吉购得。

《白与黑》月刊，系东京黑白社编印，料治朝鸣主编。1930年2月创刊，1934年8月终止。共出50期，每期十余幅，鲁迅收藏共41册，系从内山书店购得。

《版艺术》月刊，亦为黑白社编印，料治朝鸣主编。1932年4月创刊，1936年12月终刊，共出57期。该刊为机印，但每期卷首皆收一两幅原拓。鲁迅除最后两期外，皆有收藏。此次编印《全集》，以所收原拓为限，余皆不取。鲁迅的藏品亦系由内山书店代购或订阅。

《乡土玩具集》《土俗玩具集》和《玩具绘集》均系黑白社木刻彩色印本。《乡土玩具集》是1934年出版，共4册。《土俗玩具集》为1935年至1936年出版，凡10册。《玩具绘集》为1936年出版，册数未详。鲁迅藏品为7册，均系从内

图 37　伊索寓言木刻画

山书店购得。

《少年画集》，谷中安规作，黑白社以原拓件发行。1933 年 1 月 12 日，鲁迅亲往内山书店购得。

《伊索寓言木刻画》，1931 年横滨以士帖印社出版。（图 37）

至于日本儿童版画，系东京都町田市和光学园学生之作。据《鲁迅日记》1934 年 7 月 20 日所载，这些作品系由日本友人内山嘉吉寄来。

日本创作版画起步较欧洲要晚，但却比我国约早三十年。我所见到的最早的日本创作版画，是山本鼎（1882—1946）的《渔夫》（1904 年）。较早的版画期刊有《平旦社刊》和《方寸社刊》，前者创刊于 1905 年 9 月，翌年 4 月终止；后者创刊于 1907 年 5 月，1911 年 7 月终刊。《方寸社刊》为期较长，影响颇大，故在日本近代版画史上有"方寸时代"的提法。其后，版画社团和期刊如雨后春笋，纷纷涌现。如 20 世纪 20 年代的神户版画之家和 30 年代的东京黑白社等。

版画前辈山本鼎、恩地孝四郎（1891—1955）、前川千帆（1889—1960）等，都在日本近现代版画史上占有重要的地位。所以，30年代，鲁迅倡导中国现代版画运动时，也关注着日本的版画艺术，大量购藏日本版画原拓和有关书刊。

那么，鲁迅所藏日本版画如此之多，为什么又不曾翻印介绍给中国木刻青年呢？这当然不是没有原因的。1934年10月21日，鲁迅在致罗清桢的信中说过，日本的木刻"都是超然的，流派和我们的不同"。同年4月17日致刘岘信中说："他们的风气，都是拼命离社会，作隐士气息，作品上，内容是无可学的……"1935年4月4日在致李桦信中又说："日本的黑白社，比先前沉寂了，他们早就退入风景及静物中，连古时候的'浮世绘'的精神，亦已消失。目下出版的，只有玩具集，范围更加缩小了，他们对于中国木刻，恐怕不能有所补益。"这些话都说得非常明确，即日本版画不合中国当时的国情和中国木刻青年的需要，也和鲁迅木刻为革命服务的主张和宗旨不相吻合。在20世纪二三十年代，日本颇以版画大国自居。他们的中小学大多开设手工课，让青少年学刻版画。30年代初，为鲁迅主办的"木刻讲习会"授课的内山嘉吉先生，便是一位日本小学的美术老师。那时，日本版画家多刻风景、静物、玩具等，恐怕也是和他们的教育状况相关的。1935年，以李桦为首的广州现代版画会为学习国外木刻技巧，曾与日本黑白社建立作品交换关系。1935年夏，当赖少其把他和李桦、刘仑应《版艺术》之请刻制《南中国乡土玩具集》和《北中国乡土玩具集》一事告知鲁迅时，鲁迅在复信中说："日本在出玩具集，看起来也无甚特别之处，有许多且与中国的大同小异。中国如果出起全国的玩具集来，恐怕要出色得多，不过我们自己大约一时未必会有这计划，所以先在日本出版界介绍一点，也是好事情。"尽管是"好事情"，但由此亦可知鲁迅当时并不认为在中国出版玩具集类的版画是当务之急。

不过，鲁迅对于儿童版画的创作倒是关注的。儿童是人类的希望，儿童版画的发展关乎版画艺术的未来，不可等闲视之。1933年7月18日，他在致罗清桢的信中说："我以为少年学木刻，题材应听其十分自由选择，风景静物，虫鱼，即一花一叶均可，观察多，手法熟，然后渐作大幅。不可开手即好大喜功，必欲作品中含有深意，于观者发生效力。倘如此，即有勉强制作，画不达意，徒存轮廓，而无力量之弊，结果必会与希望相反的。"日本儿童版画之选材十分自由，不含深意，技巧虽幼稚，但非勉强之作。正因为此，鲁迅在 1934 年 7 月 23 日致内山嘉吉信中才表示："我对其中的静物作品，尤感兴趣。"

尽管鲁迅当年没有把介绍外国版画的重点放在日本，但我们今天编印《全集》，则不应该对这批藏品持排斥或冷落的态度。这原因固然在于《全集》重在一个"全"字，但更重要的是因为时代已经完全不同，国情亦已发生巨变。我们今天处在改革开放的时代，随着经贸交流的大潮，文化艺术的中外交流正日益频繁，就版画艺术而言，中西交流、中日交流的频繁程度与日俱增，而且中日版画艺术的交流源远流长。因此，介绍同属东方之美的日本早期版画，对促进我国版画艺术的繁荣，也具有借鉴的意义。

四

对于现代中国新美术运动的发展，影响最大者仿佛是徐悲鸿。其实，鲁迅的伟大贡献和不朽功绩是不亚于悲鸿先生的。作为艺术大师的徐悲鸿，是倡导写实主义艺术的，他说"素描为一切造型艺术之基础"，并从欧洲引进了许多 19 世纪以前的传统绘画，作为他所倡导的写实主义绘画的范本。鲁迅也认为"真实是艺术的生命"，在倡导写实主义这一点上，分明和徐悲鸿有一致的地方。在写给版画青年们的信中，鲁迅也一再指出：版画与绘画一样，"基础仍在素描"。他在批评中国版画家们"最不擅长的是木刻人物"的时候，也指出："其病根就在缺少基础工夫。因为木刻究竟是绘画，所以先要学好素描。"但鲁迅所倡导的写实主义，和建立在"临摹学"基础上的欧洲传统绘画相比，显然还有质的不同，艺术思想的进步也促使他对艺术风格多样化有着不懈的追求。鲁迅所引进的欧洲版画艺术，在选择上和徐悲鸿有着明显的不同，他不拘泥于写实，而更多地注重画家及作品的政治倾向和思想内容，并将引进的重点放在 20 世纪初期欧美和苏联革命艺术家身上。就艺术流派而言，20 世纪初期是革命现实主义和形形色色的现代派艺术并存的时代。鲁迅从我国的国情出发，考虑到人民大众的欣赏习惯和革命艺术的社会效能，理所当然地要力倡革命现实主义的艺术，但是，他对西方现代派艺术和某些具有现代派倾向的画家及作品，也采取了"拿来主义"的态度。人们往往拿鲁迅反对绘画艺术的"怪异"和"难解"，来论证鲁迅对现代派艺术的坚决排斥和全力抵制。其实，鲁迅所反对的只是对现代派艺术的盲目崇拜和模仿抄袭，而并不反对对它的借鉴和吸收。他赞扬西方"新艺术家们勇猛的反叛"精神，力主中国的新艺术家们都能"和世界的时代思潮合流"；他反对把西方现代派艺术当做"一种可敬的身外的新桎梏"，来束缚或扼杀我们自己在艺术实践中的独创性，并坚持在艺术创新时不可"桎亡中国的民族性"。由此可见，作为现代文化革命巨人的鲁迅，对西方现代派绘画艺术的态度是一分为二的。他是"拿来主义"的楷模，也是"洋为中用"的典范。

收入《欧美版画卷》的作品，所涉及的作者近百人，作品也大都是 20 世纪 20 年代前后的创作，其中，以德国画家和他们的作品为主体。当时的柏林和巴黎一样，是西方艺术的一大中心，也是西方现代派艺术的中心，更是作为现代派的表现主义艺术的中心。

西方现代派美术既不同于以往欧洲传统美术，也不包括现代各种现实主义流派。不管它怎样红极一时，也不论它如何为人咒骂，它只能是西方现代美术的一支，而不是全部。包括野兽派、立体派、未来派、达达派、表现派乃至超现实主义和抽象主义在内的现代派美术的出现，是西方现代社会和现代科技发展的必然产物。照相术的发明，动摇了一向视模仿自然为最高成就的绘画观念；康德、尼采等人的哲学思想和弗洛伊德精神分析及性心理学说，促使一代艺术家起而反对理性的压制和传统的束缚，于绘画上，则不再满足于对客观事物的再现，而着重于自我之表现。强烈的色彩、粗放的线条、扭曲的形体、肢解的物象，常常是他们表达主观感受的艺术手段。他们常把绘画语言当做反抗社会现实的手段，但又因绘画毕竟是造型艺术，要彻底地脱离自然客体这一母题亦实属异想天开。与此同时，各种现实主义艺术仍然是艺坛之一派，仍然占有重要的一席。

综观《欧美版画卷》的作品，批判和革命现实主义之作当然是占着重要的地位，但也有一些立体派、表现派等流派的作品，或者是现代派倾向和风格比较突出而又不脱离自然母题的即兴之作；就版画的作者观之，是进步的、反战的、革命的版画家和他们的作品占有举足轻重的地位。珂勒惠支是鲁迅最敬重的革命美术家，敬重的原因，不外如下几层：第一，她的作品是为"被侮辱和被损害"的人们悲哀、呐喊和战斗的艺术结晶，使我们"看见了别一种人，虽然并非英雄，却可以亲近，同情"，而这些人正是"和我们一气的朋友"；第二，她的作品"愈看，也愈觉得美，愈觉得有动人之力"；第三，她是女性，而"在女性艺术家之中，震动了艺术界的，现代几乎无出于凯绥·珂勒惠支之上"；第四，她的作品铜、石、木并举，功力深厚，是中国青年版画家们的良师益友。鲁迅亲撰的《〈凯绥·珂勒惠支版画选集〉序目》对她有很高的评价，现已收入本书，这里不再赘述。被誉为"最革命底画家"的梅斐尔德，幼年家贫，青年坐牢，中年投身欧洲人民的反法西斯运动，恰如鲁迅所说，"他最爱刻印含有革命底内容的版画的连作"，晚年被迫侨居阿根廷，又因描绘印第安农业工人的贫困生活被逐，真是毕生革命。尽管他的作品"离开了写实"，鲁迅仍赏识其"气魄究竟大"而勤于介绍。格罗斯原是一位达达主义的画家，但后来左转，成为一位无产阶级的美术家。他将自己的艺术用于反对整个的资产阶级社会，其艺术风格充满讥讽，手法夸张变形，有似漫画。鲁迅则称之为"新的战斗的作家"，并指出，他的作品"是很值得美术学生和爱好美术者的研究的"。至于以反对欧战而蜚声全球的比利时黑白版画艺术大师麦绥莱勒的作品，更显示着思想内容的进步和对力之美、形式美的热烈追求。鲁迅说他的作品"往往浪漫，奇诡，出于人情，因以收得惊异和滑

引进世界的名家名作，推进我国版画艺术的发展与繁荣——《鲁迅藏外国版画全集》总序　×

171

稽的效果"，但他的《一个人的受难》却是"写实之作"。又说："M. 氏的木刻黑白分明，然而最难学，不过可以参考之处很多，我想，于学木刻的学生，一定很有益处。"（见 1933 年 10 月 8 日致赵家璧信）况且，麦氏之作多系木刻连环画，所以鲁迅又说："麦绥莱勒的木刻的翻印，是还在证明连环图画确可以成为艺术这一点的。"此外，德国著名画家佩赫斯坦因、巴尔拉赫，美国画家阿契本科，奥地利画家科科希卡，美国画家法宁格等人的作品，更具有立体派、表现派的特色，读者可以赏阅参看，兹不一一介绍。

《全集》第三卷中苏联版画家们的作品，多是 20 世纪 30 年代初期之作，为文学作品的插图。如果说欧美之作多为暴露资本主义制度下的社会现实，谴责帝国主义战争的罪恶，以及不同倾向和流派的版画家们尝试多种艺术手法的即兴之作，那么，第三卷中的苏联版画，则多系对苏联社会主义现实的反映和社会主义建设的歌颂。在艺术上，尽管作品也表现了较强的现代感，所采用的却主要是革命现实主义的艺术方法。这些苏联版画，较之欧美版画，显然更加通俗易懂、明白晓畅，更符合中国人的欣赏口味，也更易服务于中国的需要。再者，苏联版画家们"认真""精密"的创作态度，也足以净化弥漫于我们艺苑的粗浮之风，可使好高骛远、忽视艺术技巧的青年们警醒，减少或杜绝那种"仗着'天才'，一挥而就的作品"。唯其如此，鲁迅才一再赞赏说：在"中国和日本，皆少见此种木刻"，并表示"日日想翻印""一定要介绍"。

苏联版画大师法复尔斯基，是早在 20 世纪 20 年代初就改革木刻，率领青年不断前进的巨匠，他的作品，黑白对比强烈，线条充溢着力的律动。冈察洛夫在艺术风格上是属于法复尔斯基这一派的，自然有相近之处。但他似乎不大追求线条的韵律，却较多地注意光影的艺术效果。其画面往往黑多于白，常以简捷的刀法，凸显人物情态的逼真。至于克拉甫兼珂，恰如鲁迅所说："他是一位天才的装饰画家，他的所有作品，都呈现出均匀老练、具有量度和趣味的感觉，他那异常神妙的技巧，足以成全了他在苏联艺术界中应该占有的地位。"他的《静静的顿河》

第一部插图，就显示出多方面的艺术才华。刻画景物，细致逼真；描绘场面，紧张热烈；手法或严谨，或夸张，都恰到好处；色调或明丽，或暗淡，皆运用自如。布多戈斯基，善以背景的安谧衬托人物神态的刹那，风格是静穆安详的。此外，希仁斯基构图的不拘一格，波查尔斯基刀法的有力多变，密德罗辛取材的广泛，各自的艺术特色都呈现出来。莫恰洛夫和莫恰洛娃，大概是一家人，在艺术作风上均以细密见长，不过，前者精细而明朗，后者纤细而潇洒。毕珂夫的作品，刻画了美丽的女性，所作《巴巴诺娃像》（即《拜拜诺娃画像》和哈斐支《抒情诗集》首页，给人以美的享受，也获得了鲁迅的分外赞赏。总之，恰如鲁迅在评价苏联版画的艺术成就时所指出的那样："它不像法国木刻的多为纤美，也不像德国木刻的多为豪放；然而它真挚，却非固执，美丽，却非淫艳，愉快，却非狂欢，有力，却非粗暴；但又不是静止的，它令人觉得一种震动——这震动，恰如用坚实的步伐，一步一步，踏着坚实的广大的黑土进向建设的路的大队友军的足音。"

五

在鲁迅去世前的五六年中，我国现代版画萌芽期的作品面貌，往往是随着外国作品的介绍而起着变化的。一方面是苏联革命现实主义版画的影响颇为广泛，另一方面是德国表现主义粗犷豪放的画风也明显存在。自然，欧化和模仿的痕迹无可讳言。这恰如叶圣陶在《抗战八年木刻选集·序》中指出的那样："在木刻艺术刚介绍进来的时候，我国的一些作品脱不了模仿，某一幅的蓝本是外国的某一幅，某人的作品依傍着外国的某一家，几乎全可以指出来。"这显然是难以避免的，也是无可厚非的，因为学习任何一种艺术，总会像儿童学话一样，要经历一个短暂的模仿阶段。但由此也可以窥知，我国的现代版画艺术正是在学习欧美和苏联版画的前提下起步的，是以珂勒惠支、法复尔斯基等欧美和苏联版画家为良师益友的，并从起步之日就成了"作为武器的艺术"（爱泼斯坦语），投身于我国现代革命斗争的旋涡，谱写出可歌可泣的艺术篇章。

我国现代版画运动的成长期，是在抗日和解放战争的硝烟中度过的。以古元、彦涵为代表的延安画派的出现，标志着欧化倾向的消退及为人民大众所喜闻乐见的民族形式和民族风格的确立与形成。新中国成立后，版画艺术步入了它的发展期，版种由先前的以黑白为主，迅速发展为黑白和套色并驾齐驱、比翼双飞的新格局，涌现了北大荒油印版画和江苏水印版画等新的艺术流派。当版画运动度过了"文革"十年的灾难期之后，随之而来的，是百花齐放的繁荣期。现在，改革开放的阵阵春风吹拂着祖国的大地，一个中外艺术交流的新时期也随之到来。在这新的历史时期，出版《鲁迅藏外国版画全集》，就不单是为了给美术界提供艺术史料，而且具有重温鲁迅美学思想，正确理解他所倡导的"拿来主义"，发扬他所培育的现代版画艺术的光荣传统，以及推动我国版画艺术繁荣兴旺的现实意义。

六

最后，需要特别说明的有两点。其一，是鲁迅的外国版画原拓藏品，多集中在一些有关版画的期刊和画集中（如德国之《创造》版画集刊、日本的《白与黑》和《版艺术》等），往往每本之中编入多人之作，显得分散。

我们这次编印《全集》，并非为了复制这些期刊和画集，而是重在介绍外国版画的原作，是为了完成鲁迅先生的遗愿并推动和繁荣我国的版画艺术。因此，我们采取的编辑方式，是将各位版画家的作品，全部集中在其名下，以凸显其个性风貌、创作特色和艺术成就。

其二，要特别说明的是，《全集》是早在1993年至1994年就已初步编就的，但由于我们不懂外文，不得不求教于徐诗荃和李平凡先生。众所周知，徐先生是鲁迅的生前好友，又是当年在德国为鲁迅收购版画的当事人，他精通多种外语，是一位杰出的学者。他以 85 岁的高龄，花了近半年的时间，为我们翻译了《创造》版画集刊的全部德文资料。李平凡先生是著名版画家，中国版画家协会前副主席，早在 20 世纪 40 年代，他就在日本从事版画教学和创作。他为我们审订了日本版画的译名，注明了大部分日本版画家的生平。他们两位，被我们特邀为本书顾问。因为，如果没有这两位前辈的鼎力相助，本书的编订和出版将不可能。

书稿编就后，虽然也曾有几家出版社表示过出版的意向，但均未成功。岁月蹉跎，一晃已过去二十年了，尤为不幸的是两位顾问先后谢世，再也看不到这部《全集》的出版了，所以这部《全集》的出版也是对两位先生最好的纪念和深情的缅怀。

感谢湖南美术出版社不惜巨资出版此书，以及李小山社长、胡紫桂副社长在重编和出版过程中给予我们的指导和帮助。

2013 年春于京师

现实主义、表现主义、象征主义的相互融合
——《鲁迅藏外国版画全集·欧美版画卷》序

　　艺术是通过审美创造再现现实和表达感情的一种特殊方式。再现之"现实"，谓之客体，表达之"感情"，是为主体。由于作为主体的艺术家的观察、认识、想象能力的不同，知识、感情和理想之差异，艺术主张和实践便产生了分歧。库尔贝的《石工》是现实主义的，列宾的《伏尔加河上的纤夫》也是现实主义的，而德拉克洛瓦的《自由引导人民》则是浪漫主义的。杜甫的诗歌是现实主义的，李白的则是浪漫主义的。历来的文艺，其主潮便是现实和浪漫这两大流派。可是，到了 19 世纪末和 20 世纪初，随着西方社会现代科技的飞速发展，传统的绘画观念受到了猛烈的冲击，新的艺术流派层出不穷。照相术的发明，动摇了写实主义的根基；康德、尼采等人的哲学和弗洛伊德精神分析学说及性心理剖析，更影响了一代艺人起而反传统、反理性。这样，在文艺领域便有野兽主义、立体主义、未来主义、抽象主义等现代派艺术之崛起。这样，20 世纪的欧美文艺，便形成了一个现实主义和现代主义相互并存和相互对峙的局面。

　　鲁迅自然是一位伟大的现实主义者，但现实主义艺术已经遭遇了现代主义艺术勇猛的反叛和尖锐的挑战，鲁迅必须面对并且作出抉择。

　　鲁迅认为"绘画是世界通用的语言"，所以，"'懂'是最要紧的"，"伟大也要有人懂"。可是现代派艺术的致命之点，就是"虽属新奇，而为民众所不

解"（见《〈新俄画选〉小引》）。达达主义、立体主义、未来主义、抽象主义，鲁迅都不赞同，且有微词，倒是对表现主义和象征主义颇为欣赏。这在他对欧美版画的收藏和评价中是可以获得证实的。因此，我们不妨从现实主义、表现主义、象征主义和它们之间相互渗透、相互影响的视角出发，来对鲁迅收藏之欧美版画加以审视和评析。

现实主义提倡客观地观察自然和社会，通过典型环境中的典型人物的描写，真实地、历史地、深刻地反映现实生活的本质。其历史源远流长。而表现主义则发端于第一次世界大战前后，德国是其大本营。代表人物有霍夫曼、科科希卡、佩赫斯坦因、法宁格等。他们蔑视包括皇帝在内的一切权威，表示要站在劳动大众一边。在艺术上更重视内心世界的宣泄，以粗豪的风格、夸张的形式、狂放的意象，把对现实的不满同强烈的感情结合起来加以表现。

珂勒惠支（1867—1945）的艺术，是革命现实主义的，但有大气魄、大成就，作品形象坚实，感情真挚，同时具有表现主义的风范。在她的祖国，她曾受聘为普鲁士艺术学院院士，被授予"艺术大师"称号。后来，希特勒政府迫害她，其作品被查禁。她的代表作《织工的反抗》和《农民战争》非常真切地描绘了德国民众的困苦、饥饿、奋起和反抗。鲁迅同她一样，在中国也遭迫害，作品也被查禁。1931年，国民党反动派屠杀"左联"五烈士后，珂勒惠支与世界进步文艺家一同在抗议书上签名；鲁迅则把她的木刻《牺牲》送交《北斗》杂志发表，以表示对"柔石遇害的纪念"。1933年，当希特勒政府摧残文艺，杀害无辜时，鲁迅又同蔡元培、宋庆龄等亲往上海德国领事馆抗议。1936年，为给中国木刻青年运送优质的精神食粮，为纪念珂勒惠支女士七十寿辰，鲁迅自费精印出版了《凯绥·珂勒惠支版画选集》并遥赠画册。足见，鲁迅与珂氏虽相隔万里之遥，终生未晤一面，但他们的心是彼此相通的。他们各自代表了本民族的大多数，又共同代表了全人类的大多数，勇敢无畏地对压迫者和杀戮者表达了强烈的抗议和声讨。在艺术上，珂氏素描功力深厚，堪与文艺复兴时期达·芬奇等大师比肩。

在版画领域，她木、石、铜版兼擅，堪称全能。其作品，熔革命现实主义与表现主义于一炉，气魄深沉雄大，爱憎分明。正如那盖勒所评价的那样：珂氏之所以"于我们这样接近的，是在她那强有力的，无不包罗的母性。这漂泛于她的艺术之上，如一种善的征兆"。

　　另一位革命现实主义的同时也极具表现主义风范的版画家是梅斐尔德。1903年他出生于德国科布伦兹市。他的少年时代是在济贫院里度过的，后来逃出来，在莱茵河地区流浪。1921年，因参加革命，被判了3年4个月徒刑。1926年往柏林学画，在那里结识了珂勒惠支并在她的指导下进行木刻创作。1929年转往巴黎，其时，麦绥莱勒正寄居巴黎，两人一见如故。1935年，梅斐尔德先后在苏黎世和日内瓦从事艺术活动而不被瑞士当局所容，遂远走高飞，避居阿根廷。40年代，在《阿根廷日报》发表反对纳粹的漫画和讽刺希特勒的版画连环画《我的奋斗》等。直到1962年方重返瑞士。1978年，联邦德国造型艺术学会等团体在柏林为他举办了作品展览。鲁迅说：在德国，他"是一个最革命的画家"，"他最爱刻印含有革命底内容的版画的连作"。1930年，鲁迅以"三闲书屋"名义精印出版了他为苏联作家革拉特珂夫长篇小说《士敏土》所作插图十幅，并作序言，称作品表现了苏联工业"从寂灭中而复兴"的情景，"很示人以粗豪和组织的力量"。梅氏之作构图成竹在胸，运刀放达直干，刻作粗豪，主要采用阴刻法，且造型随意。所以珂勒惠支说他"很有才气，但恐为才气所害"。鲁迅解释说："这意思大约是说他太任意，离开了写实，我看这话是很对的。"（见《鲁迅全集》第14卷第406页）现在，梅氏之《士敏土之图》和《你的姊妹》，共17幅，均收入本书。如果我们把他的作品和纯现实主义的苏联版画对读，便会更深刻地感受到梅氏之作有着浓浓的表现主义氛围。

　　格罗斯（1893—1959）是德国的一位讽刺画家，也是一位石版画家。有辞书说他是德国表现主义"新客观派"的中心人物。他18岁进入德累斯顿美术学校，后转入柏林工艺美校，早年介入达达派，后转向左翼，鲁迅称他为"新的战斗的作家"。1922 年，他应邀访问苏联。1932 年，因不被纳粹政权所容，流亡美国，在纽约任教，后又在哥伦比亚大学任教。1959 年回国，同年病逝。本书收入他为席勒剧本《强盗》所作之"警句图"9 幅。他以愤世嫉俗的目光和锐利、尖刻的画笔，揭露了资本主义社会的方方面面，对下层人民寄予无限的同情。其中一幅之近景是三个脑满肠肥的资本家和政客，他们揽着金银财宝，而背后却是关闭的工厂和失业的工人，饥饿的老人、孩子以及战争中的伤残者，这是对当时社会的辛辣讽刺。不过，需要指出的是，他的石版画与众不同，他不使用那种类似素描的画法，而纯粹用细线勾勒造型，且极善于捕捉不同人物的性格特征，在构图上有驾驭复杂场面的功力和本领。

此外，美国画家法宁格的《步垣》，德国画家塔尔曼的《耶稣受难图》（8 幅）、巴尔拉赫的《上帝的化身》（7 幅）、路德维希·冯·霍夫曼的《无题》，奥地利科科希卡的《P.W. 肖像》等作品，都是表现主义画风相当突出的画作。上述作品，均已收入本书，可供参阅，限于篇幅，兹不一一介绍。

以下，我们再谈谈康斯坦·勒布莱东所作之查理·波特莱尔《散文小诗》木刻插图。这插图多达 146 幅，几乎占了《欧美版画卷》五分之二的篇幅，而且作品颇为精彩。

波特莱尔（1821—1867），又译波德莱尔，是法国象征派诗人，曾参加 1848 年法国二月革命，革命失败后颓废厌世。他的诗作对欧洲现代主义艺术产生过很大的影响。鲁迅曾把他和王尔德、尼采、安特莱夫等人并列，把他们的诗文比作"世纪末的果汁"，给知识青年的心灵蒙上了一层"悲凉"的阴影。

象征主义乃 19 世纪 80 年代产生于法国的一个现代文艺流派。主张者竭力推崇波特莱尔关于感觉相应的理论，认为任何事物都具有与之相应的意念含义，即"彼岸时间"（或称第二世界、另一世界），艺术家应当挖掘这个世界，用直觉的意象（即象征）来表现潜藏在事物背后的含义。故他们的作品多含神秘色彩，难以准确解读。鲁迅在《译〈苦闷的象征〉后三日序》中说：厨川白村认为"生

图 38
《双重房间》插图一
勒布莱东

图 39
《双重房间》插图二
勒布莱东

图 40
《双重房间》插图三
勒布莱东

命力受压抑而生的苦闷懊恼乃是文艺的根柢，而其表现法乃是广义的象征主义"。又在《〈黯淡的烟霭里〉译者附记》中，称赞俄国作家安特莱夫富有象征主义色彩的创作"使象征印象主义与写实主义相调和"。

关于勒布莱东（1895—1985），他是一位法国的书籍插图名家。他的木刻注重黑白明暗之对比和线条之妙用，构图饱满而不显零乱，调子丰富而不觉繁琐，表现手法简洁而不显粗略。这从本书所收他的大量作品中均一眼可见。他为查理·波特莱尔《散文小诗》所作的木刻插图，大都是每一诗题配刻三图，两大一小。"两大"系为诗歌本体所作；"一小"则往往排在第三的地位，大都作为尾花，为诗作本体的补白，且似有唯美、装饰和象征的意味。比如《港口》插图一和插图二，刻画船只；而插图三所刻则为一小幅海中之灯塔图。又如《双重房间》插图一（见图38），刻一全裸之女；插图二（见图39）房内空无一人；而插图三（见图40）所刻则为小幅，图像系烟盒和烟斗，很可能是一种暗示和象征。要想对勒布莱东这部木刻插图作更深一步的解读，是需要进一步加以研究的。

最后，不可不提的是比利时的木刻大家麦绥莱勒（1889—1972）。他18岁考入根特美术学院。一年后，院长杨·德尔文对他说："在这里，你没有更多的课程好学了，你应当到世界上去开阔眼界，会找到你自己的创作道路的。"1909年，他先后到德、英、法等国旅行作画。1915年迁居瑞士，结识了罗曼·罗兰等作家。1918年后，出版《一个人的受难》等多种木刻连环画，并在许多国家举办画展，荣获比利时皇家艺术科学院院士称号。1958年应邀访问中国，后在法、比、荷、德等国举办了"回忆中国"巡回画展。他一生创作了数以万计的木刻画，不仅数量惊人，且质量颇高。其作品内容几乎触及了资本主义社会的每个角落。在辛辣讽刺资本主义社会的种种乱象的同时，满腔热情地歌颂了人民大众的团结和斗争，赞美了人民对光明的热烈追求。他的力作《卡尔·施特恩海姆〈编年史〉插图》已经收入本书。仅从这16幅木刻中，便不难窥见他那黑白对比交替妙用的艺术是多么的匠心独具，令人折服。惊人的记忆和大胆的想象是麦氏独有的天分，他能靠观察和记忆刻绘一切物象，而在木刻艺术实践中实现单纯和丰富的统一。即在观察生活时，强调从丰富中提炼单纯；在表现生活时，注重将单纯转变为丰富。他的刀法操控自如，得心应手；作品充满装饰情趣，丰富多彩。麦氏是艺惊全球的木刻大家，也是熔写实、浪漫、表现、象征等主义于一炉的旷世大师。1933年9月，上海良友图书公司出版麦氏的几种木刻连环画时，曾请鲁迅为其中的《一个人的受难》作序。在序中，鲁迅赞扬说"用图画来叙事"，"所作最多的就是麦绥莱勒"，其作品"往往浪漫、奇诡，出于人情，因以收得惊异和滑稽的效果"。1933年10月8日，鲁迅在致赵家璧的信中还说：麦氏的"木刻黑白分明，然而最难学，不过可以参考之处很多，我想，于学木刻的学生，一定很有益处"。

收入《欧美版画卷》的版画原拓多达400余幅。其中，鲁迅生前出版的原拓仅有《士敏土之图》10幅和《凯绥·珂勒惠支版画选集》16幅。但仅这26幅力作，就曾给我国的前辈木刻家以极其深远的影响。鲁迅的木刻弟子、1931年木刻讲习会的学员之一、中国美术家协会前主席江丰回忆说：当年，"见到鲁迅先生自费出版的《梅斐尔德木刻士敏土之图》，我们顿开眼界，得到启发，认为真正找到了革命艺术的描写内容和表现形式的学习范本"，"我们从此就下定决心，放弃油画改作木刻"。（见《鲁迅先生与"一八艺社"》）有关珂勒惠支、麦绥莱勒之作对我国木刻前辈们影响的回忆文字很多，恕不一一转引。

鲁迅说过："人类最好是彼此不隔膜，相互关心。然而最平正的道路，却只有用文艺来沟通。"现在，包括《欧美版画卷》在内的《鲁迅藏外国版画全集》的精印出版，相信会对中外文化交流作出巨大贡献。

2014年1月18日

回 眸 抗 战 版 画
——纪念抗日战争胜利七十周年

一、抗日战争和版画艺术

抗日战争，原指 1937 年至 1945 年，在中国共产党领导的抗日民族统一战线的旗帜下，国共两党和全国各族人民抗击日本帝国主义侵略的民族解放战争。它是世界反法西斯战争的重要组成部分，史称"八年抗战"。但是，早在 1931 年，日本侵略者就悍然发动了"九一八事变"，炮轰沈阳城，抢占东三省。由于国民党政府奉行"攘外必先安内"的不抵抗政策，侵略者更进一步觊觎我华北之大好河山。当时，上海文艺新闻社曾就这一事变征询鲁迅先生的看法。鲁迅回答说，这"是日本帝国主义在'膺惩'他的仆役——中国军阀，也就是'膺惩'中国民众，因为中国民众又是军阀的奴隶"（见《答文艺新闻社问》）。其后，我党杨靖宇等将领率东北抗日联军，在冰天雪地中与侵略者浴血奋战，展开长期的殊死搏斗。由此可见，我国的抗日战争，是始于 1931 年，终于 1945 年，事实上是长达十四年之久啊！

日本帝国主义的侵略，给我国人民带来灾难性的后果：我国军民死伤达 3500 万之多，直接经济损失达 1000 亿美元之巨（按照 1937 年比价）。侵略者犯下了战争罪和反人类的重罪！大罪！

抗战期间，我国军民以铁骨铮铮、气壮山河的英雄气概，百折不挠、坚忍不拔的奋战精神，和侵略者展开了长期的、艰苦的战斗。无数中华儿女将宝贵的生命化为胜利的彩虹，终于赢得了抗日战争的伟大胜利。这是近现代史上我国人民反抗外敌入侵第一次取得的完全胜利，意义非凡。

说到中国现代版画，那是鲁迅先生在 20 世纪 30 年代初由欧洲引入我国的一个崭新的画种。先生远见卓识，独具艺术战略眼光，早在 1930 年 2 月就指出："当革命时，版画之用最广，虽极匆忙，顷刻能办。"（见《〈新俄画选〉小引》）

果然，次年便爆发了"九一八事变"。一场尖锐复杂的民族革命战争提上了日程，摆在了全国人民的面前。在贫穷落后的旧中国，油画、国画、雕塑没有发展的物质条件，独有版画如鲁迅所说，"一副铁笔和几块木板"便能发展得"蓬蓬勃勃"，而又可一版多印，行远及众，"是正合于现代中国的一种艺术"。于是，鲁迅在身患重病的晚年，依然展开了紧张而忘我的战斗。他一方面以《文章与题目》（原题为《安内和攘外》）等大量杂文抨击蒋介石"攘外必先安内"的反动政策，促进抗日民族统一战线的形成；另一方面，鲁迅为这场伟大的民族革命战争辛勤地培育着一批版画艺术新人和一朵版画艺术新花，使版画成为一种"武器的艺术"（爱泼斯坦语），成为砍向鬼子头颅的"大刀"。可以毫不夸张地说，我国的抗战版画就是和这场民族解放战争同时发生并为它服务的。

今年 9 月 3 日，是中国人民抗日战争胜利七十周年纪念日。在这个重大纪念日来临之际，我们编印这部版画选集，对于抗日英烈和已逝的版画艺术家表示深深的敬意和亲切的缅怀；对于生者，特别是青少年，则提供一本关于抗日战争的形象教材。本选集共收录 94 位版画家的 315 幅佳作，除 6 幅纪念抗战胜利的作品外，其余均创作于 1931 年至 1945 年之间。愿它们在弘扬以爱国主义为核心的抗战精神和勿忘国耻、圆梦中华的征程中发挥正能量！

二、抗战版画的创作队伍

抗战版画的创作队伍，由两股木刻劲旅组成。

其一，是在鲁迅先生的精心培育和呵护下成长起来的一批木刻青年，可称之为"鲁门弟子"。

其二,是由延安鲁艺美术系培养出来的一批木刻人才,可称之为"鲁艺学子"。

在 20 世纪 30 年代,鲁迅先生是以引进西欧和苏联的版画新作,主办外国版画展和木刻讲习会,扶持杭、沪、平(北京)、粤等地的诸多木刻社团,出版木刻书刊以及和木刻青年频频通信等途径和方式来推动新兴木刻运动的。江丰、陈铁耕、黄山定均系木刻讲习会学员;胡一川、陈烟桥是"一八艺社"的成员;力群、曹白、叶洛是木铃木刻研究会的中坚;张望、金逢孙是 M.K. 木刻研究会的骨干;刘岘、黄新波合组了无名木刻社;段干青、金肇野是平津木刻研究会主力;李桦、赖少其、唐英伟、张影、刘仑、胡其藻等均为广州现代创作版画研究会(简称"现代版画会")的骁将;罗清桢和张慧是广东梅州地区的木刻先驱;野夫、温涛、沃渣、郭牧等则是上海铁马版画会的艺术青年。这一大批"鲁门弟子"构成了我国抗战版画创作队伍的第一梯队,他们怀着保家卫国的无限赤诚之心创作了大批抗战版画,在中华大地上掀起了一场轰轰烈烈的新兴版画运动。

鲁迅逝世后,以"卢沟桥事变"为标志的全面抗战爆发。"鲁门弟子"一分为二:一部分仍然留在国统区,从事抗战版画创作和抗日宣传;另一部分则先后奔赴延安,成为鲁艺美术系的教员,他们是江丰、沃渣、胡一川、张望、马达、力群、刘岘、陈铁耕、黄山定、叶洛等。

鲁迅艺术文学院(即鲁迅艺术学院,简称"鲁艺")是由毛泽东、周恩来、林伯渠、徐特立、成仿吾、艾思奇、周扬联名发起,于 1938 年 4 月 10 日正式成立的。其发起者的权威性足以表明它很重要。毛泽东等在《创立缘起》中说"培养抗战的艺术工作干部,在目前也是不容稍缓的工作",以"鲁迅"命名,是"表示我们要向着他所开辟的道路大踏步前进"。毛泽东还曾以"革命的浪漫主义,抗日的现实主义"为"鲁艺"题词,号召艺术家们用这种艺术方法"为创造中华民族的新艺术而奋斗"。1942 年 5 月,毛泽东主持召开了延安文艺座谈会,应邀出席的木刻家,除上述鲁艺美术系教员名单中的前八位外,还有古元、罗工柳、王大化等人。

力群先生在《鲁艺六年》一文中曾经提出过"延安学派"这样一个概念，笔者以为应是指"延安画派"。他说，这一流派"是以延安鲁迅艺术学院为中心的。它的最突出的代表人物是古元。艺术内容上的特点是歌颂的——歌颂陕甘宁边区人民在共产党领导下所过的民主幸福生活，歌颂敌后军民的英勇战斗和英雄业绩。艺术形式上的特色是脱离了外国影响的富有民族气味的风格"。"延安画派"的主要成员还有彦涵、王琦、罗工柳、夏风、华山、邹雅、王流秋、焦心河、金浪、陈九、计桂森、安林、苏光、田灵、吴劳、赵泮滨、郭钧、施展、张晓非（女）、刘蒙天等。他们都出身于"鲁艺"。政治思想和艺术方向上的一致、描写内容和艺术风格上的接近以及地域环境的相对集中，使他们在互相学习和影响中自然形成流派。其艺术上的成就和特色有目共睹，在国内和国际都有着很大的影响。

如前所述，"鲁门弟子"和"鲁艺学子"共同构成了我国抗战版画艺术的创作队伍。它在中外艺术史上是一支非常特殊的队伍。

它之所以特殊，是因为中国现代版画运动是鲁迅先生倡导的，是在抗日战争的时代风暴中诞生的，它吸吮着抗日平民的乳汁成长，它所代表的是"全民族的大多数"。

它之所以特殊，还因为版画队伍中的每位成员既是战士，又是艺术家。只要看看在漫长的抗战岁月中，版画家们或奔赴前线或深入敌后，在剧烈的斗争中，不曾出现过一个像汪精卫那种卖国求荣的民族败类，也不曾有过像胡兰成、周作人等媚敌亲日的汉奸文人，恰恰相反，倒有不少才华横溢的艺术家英勇地牺牲在抗日战场上（如陈九、刘波、焦心河、赵在青、林夫等），这就足以表明，中国现代版画队伍具有鲁迅那样的硬骨头精神和光荣的战斗传统。1994年笔者在拙著《中国现代版画史·后记》中这样写道：

> 如果我们把版画创作视为一种战斗，那么，中国现代版画家
>
> 就可以说个个是战斗英雄；如果把它看作一种劳作，那么，他们

人人都是劳动模范。倘若可以把版画艺术比作一株大树，那它也是傲然耸立于高山岩角的一棵久经风雨考验的长青树或不老松，而决不是毫无骨气、随风摆动的小草。或者，我们还可以把祖国和人民比作母亲，那么中国版画家便都是无愧于伟大母亲的好儿女。如果在艺术史上有所谓"精英艺术""先锋艺术""前卫艺术"的话，我认定，中国现代版画艺术才真正是这种艺术，而版画家们则是祖国的前卫、革命的先锋和时代的精英。

三、抗战版画的战斗内容

抗战版画的战斗内容，概括说来便是它的歌颂性和暴露性。毛泽东说："一切危害人民群众的黑暗势力必须暴露之，一切人民群众的革命斗争必须歌颂之，这就是革命文艺家的基本任务。"就歌颂性而言，抗战版画歌颂了中国人民的觉醒、奋起、团结和战斗，歌颂了人民战争的正义性，歌颂了人民战士的勇敢无畏和视死如归；就暴露性论之，则主要是无情地揭露了敌人的残暴和侵略战争的不义及其必然失败的可耻下场。

民众的觉醒是夺取抗战胜利的根本保障和力量源泉。因而，歌颂这觉醒便成了版画家创作的主题之一。陈铁耕的《送郎上前线》和卢鸿基的《儿啊！为了祖国勇敢些》，令人想起抗日歌曲中的歌词："母亲叫儿打东洋，妻子送郎上战场！"这样，"到前线去"便成了时代的召唤。江丰的《到前线去》、野夫的《到前线去吧！走上民族解放的战场》先后面世，而胡一川创作的《到前线去》（见图41）是最具代表性的精品力作。它流传最广，影响也最大。作品成功地表现了"一·二八"事件后全民族的愤怒和坚决反抗日本侵略者的时代需求，是我国早期木刻表现民族魂魄的杰作。作品刻画了一位极其愤慨的劳动者，他左手紧握战旗，右手挥动着，向亿万人民发出紧急的召唤："到前线去！"他那怒不可遏的眼神、强烈呼喊的口型、粗壮有力的臂膀、迎风飘动的头发和衣衫，注满了作者的爱国热情，无不体现着民族魂魄之所在，无不和身后倾斜震荡的烟囱、愤怒涌动的人群和谐一致。这绝非一般的宣传画，这是动人心魄的艺术品；这也不是

图 41　到前线去　胡一川

图 42　末一颗子弹　荒烟

一般的号召，而是以身许国的示范。不是说榜样的力量是无穷的吗？那么，画面上这位示范者所产生的社会效应也就可想而知了。

想了解我们的抗日将士是多么铁骨铮铮、英勇无畏吗？想了解日本侵略者所犯下的战争罪和反人类罪吗？请看荒烟的《末一颗子弹》（见图42）吧！整个画面只剩下一位战士和一个鬼子，背景烽火连天、一片狼藉。战争是在一片不毛之地上进行的吗？不！远处依稀尚有残垣断壁，我们的村镇和城市已被鬼子烧光、杀光、抢光的"三光政策"蹂躏成一片废墟了，我们的战士又怎能不把最后一颗仇恨的子弹射向最后一个顽敌呢？作品场面壮观，充满悲壮的英雄气概，有似不朽史诗，而刻作之精细，更教人过目难忘。此画在1943年全国"双十木刻展"时被一位藏家重金收购，绝非偶然。

彦涵是延安画派的重要代表人物之一，他的《搏斗》（见图43）无疑是抗战版画中的精品。作品充分展现了抗日战士的顽强意志和必胜信念。画面中两位战士，一人将枪举起，手持刺刀，这说明子弹已经打完，只能和鬼子们肉搏了。彦涵所塑造的战士形象个个充满英雄主义和乐观主义的必胜信念，人物动势有排山倒海般的伟力，那高高举起的枪托，旨在宣示敌人的败亡，这便是毛泽东主席所说的"革命的浪漫主义"和"抗日的现实主义"吧，它在彦涵的作品中得到了完美的体现。

论及抗战版画的暴露性，我们不禁想起了《黄水谣》中那几句歌词："自从鬼子来，百姓遭了殃，奸淫烧杀，一片凄凉，扶老携幼，四处逃亡。"日军在我国用狼狗咬死平民，向水井投毒，用活体练刺杀……罪恶累累，罄竹难书。陈烟桥的《"一·二八"回忆》、鄞中铁的《谁无姐妹，谁无妻子》、华山的《日军蹂躏妇女》等力作都暴露了侵略者对中国妇女犯下的无耻罪行。在这一方面，李少言所作的《挣扎》实在令人难忘。（见图44）画面所示为一个日本军官模样的家伙要强暴一位中国妇人，妇人挣扎着、反抗着，咬得那家伙手流鲜血，龇牙咧嘴。这是尊严和无耻的对照，这是正义和邪恶的对决。然而，究竟谁是强者，

图43 搏斗 彦涵

图44 挣扎 李少言

图 45　侵略者的末日　马达

谁是弱者呢？表面看去，似乎鬼子是强者，他是男性，侵略者；妇人是弱者，她是女性，被侮辱者。但是，在作品中，强弱已经转化，妇人变为反抗的强者，鬼子反而猥贱退缩了。这幅作品既暴露了敌人的残暴，又歌颂了妇人的反抗，艺术价值是极高的，是幅暴露和歌颂并重的作品。在许多抗战版画中歌颂和暴露往往是同时强调、和谐交融的。

还应当提及的是马达的作品《侵略者的末日》（见图 45）。它刻画了一个日军战犯的自杀情景。他战败了，成了孤家寡人，在酒后深感罪孽深重，走投无路，便举枪自尽了。战争史的无数史实昭示人们：凡是侵略者跑到别国的土地上烧杀抢掠，没有不失败的。这幅作品，可说是给侵略我国达十四年之久的日本帝国主义做了一个很好的结论，画上了一个必然的句号。

四、抗战版画的艺术风格

风格是指艺术创作中表现出来的综合性的总体特点。就一个时代、一个民族、一个地域、一个流派而言，又有时代风格、民族风格、地域风格和流派风格之分。风格愈明显，艺术价值愈高，所以文艺家们总是追求个人艺术风格的创造和形成。

总体观之，抗战版画的风格是革命现实主义的，不过，也有差异。

前面说过，我国的现代版画艺术，是 20 世纪 30 年代由欧洲引进的。早期版画尚属起步阶段，似乎还谈不到风格和流派的形成。恰如叶圣陶所说："在木刻艺术刚介绍进来的时候，我国的一些作品脱不了模仿，某一幅的蓝本是外国的某一幅，某人的作品依傍着外国的某一家，几乎全可以指出来……学习任何艺术，总得经过模仿的阶段。重要的是始于模仿而不终于模仿，模仿只作创造的准备。"（见《抗战八年木刻选集·序》）可喜的是，20 世纪 30 年代我国版画中那种"阴阳脸""毛刺脸"的欧化倾向，在 40 年代形成的延安画派的作品中已经被扬弃，代之以民族和民间的线画造型，使木刻艺术独具陕北的地域特色，独具解放区明朗、纯朴、清新的时代风格，使这一外来物种在我国生根、开花、结果，实现了中国化，大大地帮助了抗战，展示了辉煌。

古元的《区政府办公室》（见图 46）堪称延安画派最具代表性的作品。它是献给抗战时期延安民主政权的一首朴实的颂歌。瞧，办公室是在一孔窑洞中，牵狗进门的是一位交通员，他前来送文件和报纸，之所以牵狗，是为了护身；坐在门口的那位，显然是要外出的，前来开路条；坐在左侧的是会计，在清账；站着的妇女，可能是在向工作人员诉说婆媳矛盾吧！而背对观众的，则可能就是古元本人了，他当时就是延安川口区碾庄的文书。这里不是衙门，绝无官老爷作风，更无贪污腐败，大家都把为民办事、为民做主当作己任。在艺术上这幅作品已经完全脱去了欧化倾向，用强烈的黑白对比和以线造型的技法，创造了民族的、地域的独特风格。作者并不以技巧取悦他人，但十分注重农民气质和人物性格的开

图 46　区政府办公室　古元

掘，那种勤勉、务实、认真的人物造型，常常使我想起古元本人。古元说，那时"看见乡亲们的日常生活，如同看见许多优美的图画一样，促使我创作了很多木刻画"。而力群则赞扬古元的这些木刻画就"好像开在陕北山野里的山丹丹花，永远散发着红艳艳的光辉，放出阵阵的幽香"（见《谈版画家古元》）。

《当敌人搜山的时候》（彦涵作）同样体现了延安画派的风格。作品描绘一位与连队失去联系的八路军战士，和民兵团结一致，发起了一场反扫荡的剧烈战斗。作者十分准确地用形象阐明了抗日根据地鱼水般的军民关系。此外，夏风的《从敌后运来的战利品》、华山的《日军用狼狗咬死中国平民》、罗工柳的《我不死叫鬼子莫活》、王流秋的《新年劳军》、焦心河的《缝军衣》、吴劳的《民兵》等等，都堪称延安画派的优秀之作。

艺术风格贵在多样而反对雷同，可以从风格的视角评说的，除延安画派外，便是广东表现主义倾向的诸家，即李桦、唐英伟、赖少其、刘仑、胡其藻等。谓之"倾向"，主要是指技法和形式方面，并非说他们的作品全然是表现主义的。

表现主义是19世纪末20世纪初流行于欧洲的一个艺术流派，在德国以"桥社"为中心，又称桥派，其代表人物有施米特－鲁特勒夫、基希纳、缪勒等。他们尊崇蒙克的画风，对黑暗现实和传统画风有强烈的反叛情绪，作画强调表现画家的主观感情，常以夸张的造型、恣肆放达的线条抒发内心积淀的情绪。可能广东濒临南海，在艺术方面易受欧风美雨的影响。此种倾向李桦之作最具代表性。《怒吼吧，中国！》（见图47）是一幅包孕着民族魂魄的力作，概括了中华民族受欺凌、已觉醒、要反抗的精神伟力。被缚的巨人铁骨铮铮、吼声震天，欲以尖刀斩索，奋起战斗。不是曾说中国是一只睡狮吗？她现在醒了！作品虽是一幅小小的木刻，却有似战鼓，如同《义勇军进行曲》那样，告诉国人"中华民族到了最危险的时候"，一切不愿做奴隶的人要万众一心，"冒着敌人的炮火，前进！"

赖少其的《民族的呼声》同样精彩。它表现1935年发生在北平的"一二·九"学生运动。这民族的呼声就是"停止内战，一致对外"，就是"打倒日本帝国主

图 47　怒吼吧，中国！
李桦

义"！画面的背景是代表着我们民族的万里长城，青年们昂扬的呼声引起了民众的关注。作品人物造型随意，构图不拘一格，出色地表达了作者的爱国感情和崇高的精神境界。

此外，李桦的《饥饿》《是谁给予的命运》，唐英伟的《何处是家》，刘仑的《前面有咱们的障碍物》等均系带有表现主义倾向的佳作。将这几位作者的作品与延安画派诸家之作加以对观对读，更可以看出他们艺术风格的别具一格。

风格尽管有时代、民族和流派的不同，但最为重要的还是艺术家的个人风格，因为风格的形成是艺术成熟的标志。李桦、古元、彦涵、荒烟、力群这些大家，在 20 世纪三四十年代就已创立了自己的艺术风格。此外，还有位名家的艺术风格不应遗忘，那就是黄新波。本选集收录的《城堡的克服》，便是他 1939 年创作的一幅风格别具的力作。"城堡"既已"克服"，便无硝烟战火，虽仍有战士和战马行进，画面已一片寂静，几个城堡的造型仿佛只是一种象征，刻线的清晰走向和层次的自然形成颇有唯美的特色，其意境的构成别开生面，是独此一家的。都说新波所师法的是美国木刻大师肯特，但，这样的佳作，即使是肯特的妙腕也未必能胜任。这在抗战版画中，是个人艺术风格极其可贵的尝试和展现。

最后还应提到的是，力群创作于 1946 年的《朱总司令像》《公祭关向应同志》，歌颂了我党的抗日领导人，作品减少了外国版画风格的影响，去除了"脸面都不明白"的缺点，刻法上多用阳线，画面明朗，像洒满阳光一样，体现了毛泽东在延安文艺座谈会上所强调的"文艺为工农兵服务"的指导思想。杨讷维的《母亲的控诉》、王立的《饥渴的呼号》创作于 1949 年，画风沉郁，黑白对比强烈，

图 48　人民的胜利　吴凡

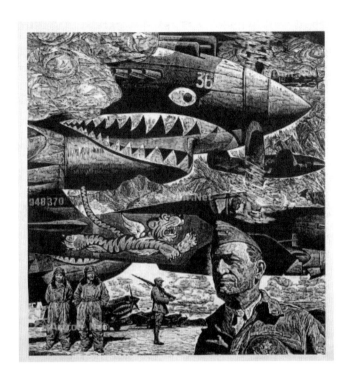

图 49　驼峰·飞虎·记忆
　　　李传康

真实地反映了日本侵华战争对中国人民的巨大伤害。吴凡的《人民的胜利》（见图 48）为纪念抗日战争胜利 20 周年的《抗日烽火》组画之一，创作于 1965 年，绘画语言朴实生动。李传康的《驼峰·飞虎·记忆》（见图 49）创作于 2005 年，是纪念抗日战争胜利 60 周年的优秀作品，作者通过物象叠加、空间重合等超现实主义手法，有力地再现了美国援华志愿航空队（又称"飞虎队"）为帮助我国守卫领空、反攻日军、收复失地、打通滇缅公路所做出的重要贡献。

五、抗战版画的深远影响

　　就抗战版画的影响而论，那真是堪称巨大而深远，值得大书特书。抗战版画和抗战音乐一样，是我国抗战文化的先锋，是宣传抗战精神的有力武器，是整个民族革命战争大机器的一个重要组成部分，真正发挥了"团结人民、教育人民、打击敌人、消灭敌人"的强大作用，为抗日战争的最后胜利立下了不朽的功劳。

　　那时候，没有电视和互联网，版画的影响和作用，主要靠展览和报刊来传播与扩散。从 1931 年一八艺社在上海办展到 1946 年中华全国木刻协会在上海举办"抗战八年木刻展",国内的大小木刻展不说上千,也有数百。在所有这些展览中,抗战版画都占了很大的比重,是那时画展的主旋律。这里,我们只能作极简要的介绍。

(一)1935 年 1 月 1 日,由平津木刻研究会发起组织的"全国木刻联合展览会"在北平太庙(今劳动人民文化宫)开幕,展出陈烟桥、李桦、陈铁耕、罗清桢、张慧、温涛、沃渣、野夫等人的作品 400 余幅。是日,冒雪来观者达 5000 人次。展出 10 天。同年 1 月 17 日,该展巡展于天津;4 月,巡展于济南,观众上万;5 月再展于汉口,诗人张光年在报端撰文盛赞;8 月 15 日巡展于太原;10 月 10 日移展上海。所到之处均举办木刻讲座,培训木刻青年。北平《北平晨报》《北辰报》,天津《大公报》,上海《民国日报》,汉口《大光报》,太原《山西日报》等报纸出版"木刻专页"达 40 余种。各地观众超过 10 万,形成我国抗战版画史上首个展出热潮,其影响之巨大,由此可见一斑。

(二)由广州市立美术专科学校教师李桦所领导的现代版画会,成员有 27 人。他们有相互观摩作品的"周展""月展"在校内举办。1935 年在市内举办两次"半年展",展出作品约 600 件(两次合计)。1936 年,展览移往农村,先后在新造、蓼涌、高要、龙川、惠州、惠阳和开平开幕。在此基础上,他们于 1936 年春夏之交,继平津木刻研究会之后,发动并组织了"第二回全国木刻流动展览会",7 月首展于广州,展出单幅木刻 271 件,木刻连环画 319 幅,后又巡展于杭州、绍兴。1936 年 10 月 2 日,移展上海,鲁迅于 10 月 8 日扶病往观,并和在场的木刻青年曹白、黄新波、白危等人座谈,合影留念。现代版画会还出版有《现代版画》丛刊 18 集、《木刻界》4 辑、《李桦版画集》、《张慧木刻集》等 10 余种书刊,影响颇大,鲁迅均有收藏,现今已是文物,十分珍贵。

(三)20 世纪 40 年代,影响最大的木刻展,是设在重庆的中国木刻研究会(简称"木研会")主办的两届全国"双十木刻展"。展览的办法是把国统区划分为

10 个省区：川、湘、桂、赣、粤、闽、滇、浙、皖、黔。由各区理事负责征集作品，每幅 10 份，然后互寄，使各展区均获得一套完整的展品，在本区巡回展出。各展区之展览均应在当年 10 月 10 日前后举行，故称"双十木刻展"。1942 年的首届展览，共有 7 个省区举行。解放区的作品是由周恩来带到重庆交给木研会的。10 月 14 日，川区的展览在重庆开幕，展品 225 件。徐悲鸿观后撰文赞扬古元为"新版画界"之"巨星"。7 个省区展出时参观者共计 6 万余人。1943 年的"双十木刻展"有 8 个省区举办，观众总数增至 8 万余人。

（四）抗日战争胜利后，版画家们迅速向上海集中。大家聚会，决定将"木研会"改组为"中华全国木刻协会"，立即筹办"抗战八年木刻展"，并由上海开明书店出版《抗战八年木刻选集》。1946 年 9 月 18 日，展览在南京路大新公司四楼画厅隆重开幕，展出 113 位作者的 897 件作品，可谓盛况空前。展出当天，郭沫若前往参观并即兴题词："看见八年来的木刻，令人增加了勇气和慰藉。中国终究是有前途的，人民终必获得解放。"

（五）由于木刻原版可以和铅字一起排印，作品印出后，便可供亿万读者阅览，所以，无论何时，只要我们去查阅抗战时期全国各地的主要报刊，如重庆的《新蜀报》、延安的《解放日报》、晋东南的《新华日报》（华北版）等等，都会看到许多曾经给国人以启迪和鼓舞的木刻。1990 年"中国版画两千年展"在东京举行，日本学者三下志郎看到一份《新华日报》增刊《敌后方木刻》的剪报，深感震撼，他撰文说：

> 中国版画家在非常艰苦的恶劣环境下，以大无畏的气概，不向黑暗势力低头，用鲜血和献身精神谱写了中国新兴版画史，中国版画家是艺术的强者，在他们身上体现的是中国人民之魂，也是中国民族之魂。陈列的史料中有一份《敌后方木刻》的报刊，是中国版画家到敌后开展版画活动的出版物，使我特别肃然起敬。

在世界的反法西斯、反侵略的战争中，有哪一个国家的版画家到

敌人后方去战斗？只有中国。

——《版画世界（增刊）》1991 年 8 月刊

中国抗战版画的国际影响，同样深远而巨大。1934 年 3 月在法国巴黎举办的"革命的中国之新艺术"展览会，展品（主要是木刻版画）58 件，是由鲁迅先生代为征集的，展期半月。有专栏作家撰文说："现代中国贫困不堪、苦难深重的生活，正是在这些作品中，以朴实无华而又雄辩服人的技巧表达出来了。"此外，在 20 世纪 40 年代，我国版画先后三次赴苏联举行展览，在第三次展出时，作品达 400 件之多，还附寄中国木研会《致苏联人民书》一封，信中说：

一九四二年的开始，东西反法西斯战场上捷报频频传来，苏联全线的反攻，正势如破竹地击溃了希特勒的兽群，而亚洲的日寇也给同盟军打得不能撑腰，我们在中国战场上，为了策应太平洋的战争，牵制日寇，也在各线开始反攻，湘北三次大捷，把可怜的敌人打得鼠窜豕遁，我们的入缅军也节节胜利，而我们的许多木刻工作者，也在各战场上随军搜寻战争题材，正着手把这些战斗的情形刻画出来，呈现在全世界人民的眼前，看我们是怎样在打击着顽强的敌人。

抗战版画在日本的展出，始于 1946 年，主持者是著名版画家、时任日本神户华侨学校教师的李平凡和他所领导的华侨新集体版画协会。这年 8 月，李先生拜会了和鲁迅共同举办木刻讲习会的内山嘉吉，借来鲁迅生前寄赠给他的 87 幅中国木刻并决定办展。1947 年 2 月，"中国初期创作木刻展"在神户开幕，观众超 2 万人次，后移展大阪、京都和东京。

1948 年夏，中华全国木刻协会授权李平凡创设"联络站"，筹办"全日本中国木刻流动展"。当收到由祖国寄去的百余幅抗战木刻原拓展品后，联络站同

人从中精选 50 幅，复制 100 套，寄赠给日本基层学校和工会，供展览之用，又复制单幅画片 40 幅，各印 5000 份，供流动展出时发售。1949 年 3 月，巡展开始，至 1950 年 5 月李平凡归国，原拓展品先后在神户、大阪、冈山等城市展出 23 次，复制品共展出 82 次，仅神户展出期间，观众就达 200 万人次。观众参观版画展的超高热度和壮观景象，在中外艺术史上达到空前绝后的程度。

中国抗战版画在日本引发观赏狂潮绝非偶然。这是因为，日本军国主义曾经把战争的灾难和重负转嫁给日本人民。战争后期，日本也沦为战场。美国在广岛、长崎投下的两颗原子弹，使日本人民也付出了惨重的代价。因而，他们同样是带着反战的热情和与中国人民永结善缘的心态观赏抗战版画的。由此可见，抗战版画不仅是中日两国人民共同的精神财富，也是全世界热爱和平的人民值得永远珍惜的精神遗产。

抗战版画是日本帝国主义侵华罪行的铁证。

抗战版画是以爱国主义为核心的抗战精神的载体。

抗战版画是抗战文化的重要组成部分。

抗战版画是我国艺术家对中华民族和世界人民所做出的不朽贡献。

抗战版画永远闪耀着中华民族热爱和平、不畏强暴、不可战胜的精神光芒。

经历了八十多年的风风雨雨，抗战版画的许多原版早已散失。少数散落在民间的原拓作品，现已成为收藏家们追索的猎物。值得庆幸的是，在几个重要的纪念馆、美术馆和博物馆，有不少原拓藏品已被列为珍贵文物。不知这些机构是否可以联合起来，把抗战版画作为一个"申遗"项目报送给联合国？

是为序。

2015 年 1 月于北京

《光荣与梦想——中国工业版画与新中国建设七十周年》序言

　　今年 10 月 1 日，是我们伟大的祖国中华人民共和国成立 70 周年的日子。为热烈庆祝这个喜庆的节日，湖南美术出版社特推出《光荣与梦想》工业版画大型画册，以示纪念，以飨读者。

　　记得早在 1931 年 1 月，为催生我国的工业版画，鲁迅先生就自费出版过德国著名版画家梅斐尔德的工业版画《士敏土之图》[1]，并很快获得了木刻青年们的响应。1934 年春，鲁迅又将刘岘的《两工人》、周金海的《矿工》等工业版画选送至巴黎比利埃美术馆举办的"革命的中国之新艺术"展览会展出，博得好评。由此可见，我国的工业版画早在 20 世纪 30 年代就已走向世界了。

　　工业版画作为国家工业建设和艺术创作相结合的产物，承载着国人变农业国为工业国的美好憧憬，也展现了我国工业建设的累累硕果。艺术家们遵从毛主席《在延安文艺座谈会上的讲话》的精神，深入生活，将火热的激情和大众喜闻乐见的艺术形式熔于一炉，创作出成千上万的工业版画。它们见证了我们伟大的新时代，也赞美了我们伟大的新时代。现在，我国的工业版画创作群体星罗棋布，遍及祖国大地。这在世界工业发展史和艺术发展史上，都可谓盛况空前！

　　中华人民共和国成立之初的版画队伍由两部分人组成，一部分来自国统区，如李桦、野夫、陈烟桥、黄新波等，一部分来自解放区，如江丰、胡一川、力群、

1　《士敏土》（今译《水泥》）系苏联作家革拉特珂夫所著工业题材长篇小说。

图50　鞍山钢铁厂的修复　古元

刘岘等。他们早年都是鲁迅的木刻弟子。来自解放区者还曾在延安"鲁艺"任教，培养了大批木刻学子，如古元、彦涵、王琦等。这批"鲁门"学人，均曾积极投身抗战，掀起抗战版画运动。约在而立之年，他们均已成为享誉中外的版画艺术家。

中华人民共和国成立后，最先推出工业版画的是被徐悲鸿誉为"中国共产党中之大艺术家"的古元，其画题是《鞍山钢铁厂的修复》（1949 年，见图 50）。作品展现了中华人民共和国成立之初，我国钢铁工业战线恢复生产，欣欣向荣的喜人景象。画面前人后景，构图宏大，色彩明朗，气象雄伟。尤为可贵的是，画面左下角的一组人物不仅表情生动，而且视线一致，显示了作者驾驭刻刀的娴熟程度。和古元一样善于刻画人物的另一位版画家是李少言。他在 1953 年完成的作品《四十年的愿望实现了》（见图 51）是庆祝成渝铁路全线通车的力作。画作表现的是列车即将到来的刹那：铁路两旁欢迎的人成百上千，群情激动。为什么说这通车的愿望已经等了 40 年呢？恐怕只有画面左侧那位手拿扇子的古稀老人记得最清楚：1911 年 5 月，四川、湖北人民为反对清政府将民办的川汉铁路收归国有，且将筑路权出卖给外国银行团而掀起了"保路运动"；9 月，请愿群众遭当局镇压，同盟会成员又动员群众，发动武装起义，成为辛亥革命武昌起义之先声。许多工业版画是以刻画场景为主的，人物成了点缀，但李少言的作品不是。请看那位 40 年前参加过"保路运动"的古稀老人吧！他那由衷的喜悦纵贯今昔，他在画面中绝不是一般的人物形象，而是作者着力塑造的一位典型！他 40 年前的梦想，如今变成了活生生的现实，这怎能不让他深感光荣和骄傲呢？！列车就要到来，为确保安全，人群被要求退避。难能可贵的是，每个人的脸上都洋溢着盈盈的笑意。

另一幅表现工人群体战天斗地的成功之作，是版画前辈李桦的《征服黄河》（1959 年，见图 52）。运钢管的、拉木材的、担石块的……工人们各司其职，工作紧张而有序，人物动态个个到位，阴刻阳刻形成精彩对比。作品没有刻意突出某个劳动模范，却成功地歌颂了一个征服黄河的英雄群体，非常精妙地处理了

图 51　四十年的愿望实现了　李少言

图 52　征服黄河　李桦

人物和场景的关系，为我国工业版画的创作树立了一座不朽的丰碑。

1949年至1978年间，我国工业版画还有不少优秀的写实之作，如赵延年的《我们要和时间赛跑》（1954年）、梁永泰的《从前没有人到过的地方》（1954年，见图53）、荒烟的《汉水大桥工地风景之一》（1954年）、李少言的《工地就是学校》（1955年）、武石的《最后一根钢梁》（1957年）、洪世清的《新安江水电站》（石版，1960年）、李少言的《老街新貌》（1960年）、易振生的《红日映钢城》（1963年）、徐甫堡的《女车工》（1964年）、赵宗藻的《力量的源泉》（1972年），以及酆中铁的《山河新貌》（1976年）、彦涵的《炼钢工人》（1976年）等。

此外，黄新波的《年轻人》（1961年）独具象征意味，黄永玉的《东风》（1963年）突显装饰风格，显示了极为可贵的创作个性。

总体观之，1949年至1978年间，我国工业版画的创作风格是革命现实主义的，即以高度概括的艺术手法刻画现实生活，表现劳动大众，并用爱国主义精神陶冶人民。

如果说1949年至1978年间我国的社会主义建设还处于计划经济时期，那么1978年12月党的十一届三中全会之后，我国就逐步迈向改革开放和市场经济的新阶段。国门的打开和思想的解放自然会给美术界包括版画界带来新的机遇和变化，带来现代审美观念和趣味，当然，也会带来怪异难解、脱离群众的画风，特别是西方现代派艺术的引进，更促成了群体派和学院派的对峙。

20世纪80年代，群体版画获得了大发展。1983年初，人民美术出版社主办的国家级版画季刊《版画世界》创刊，把开展"群体版画工程"作为工作中心，由老版画家、时任中国版画家协会副主席的李平凡先生出任主编，至1992年底终刊，为期10年。该刊联络的版画群体多达71个，遍布全国各地；编发群体版画选刊59期，大量刊发工业版画作品，仅第14期（1986年6月出版）就登载了武汉第一冶金建筑公司的工业版画20余幅。禹季凯的《银装》、熊庆顺的《赛》、

图53　从前没有人到过的地方　梁永泰

王美居的《银花朵朵》、宋恩厚的《鹰击长空》、李平洋的《又一村》等佳作均赫然在目。80年代中后期，在《版画世界》联系的群体中，一冶、大庆、大港、塘沽、大连、湛江等群体，均以工业版画作品驰誉中外。该刊还设立"群体奖杯""创作奖杯""技法奖杯"等奖项，多侧面、全方位地推进了工业版画的发展和提高，为祖国新兴版画运动开创了工业版画的新纪元，取得了中国现代版画史上一项突破性的成就。

　　1989年12月，由大庆、大港、华北油田和新余钢铁公司等版画群体参加的首届中国工业版画展在北京举行，时任中国文联党组书记的林默涵和版画大师李桦、古元、王琦等亲临展场，并参加了由《光明日报》举办的笔谈会，揭开了工业版画展的帷幕。现在，工业版画创作群体已遍布中华大地，工业版画展览频频举办，工业版画已成为新世纪中国美术的中流砥柱之一。

学院派呢？他们当中的名家似乎对工业版画的创作兴趣索然，他们热衷的是技法创新和自我表现。李桦先生是中央美术学院的资深教授，对学院派的创作倾向了如指掌，他在 20 世纪 90 年代初曾致信力群说："……近年新兴版画逐渐走上邪路，心实难过。一、脱离生活愈走愈远，已走入牛角尖里去。二、强调自我表现空虚怪诞。三、片面追求形式、肌理、技术。四、趣味低、情感弱、荒唐多。五、意志消沉，不探索艺术，精神空虚，追求小巧。六、名利心重……我的希望现在放在工业版画上面，那些业余版画家不脱离生活，故有前途。"[1]

改革开放四十年（1979—2019 年）和此前的三十年样，版画家们所采用的创作方法依然是以现实主义为主；所不同者是大胆创新，采用他种艺术方法的新锐作者大有人在，作品大量增加，工业版画的艺术风格更加丰富多彩了。

就写实之作而言，黄信侠的《姑嫂豆腐坊》（1982 年）、王晋生的《新来的炊事员》（1983 年）、骆文冠的《无名草》（1992 年）、杨可扬的《立交桥》（1994 年）、张子虎的《绿色宝钢》（1996 年）、赵延年的《20 世纪 90 年代》（1999 年）、何润成的《勿忘我》（2005 年）、杨宝国的《工业符号》（2014 年）等，都是好作品，各有看点。限于篇幅，仅对下列三幅略做评点：

其一是禹季凯的《小师妹》（1984 年）。画面刻了四位女工，下班时间已到，她们要把各自小桶中所剩的油漆倒回大桶之中。画面右侧的三位女工年龄比左侧的小姑娘稍大。"小师妹"显系左侧那一位、她不小心把红色的油漆弄到脸蛋上了，右侧的三位姐姐就拿她开涮。这个说："小妹啊，快把脸上那块漆擦掉，要不，咋去见男友呀！"那个说："留着更漂亮，男人更爱！"现实主义艺术很注

1　王莲芬、王锡荣主编《李桦纪念集》，东方出版中心，2007，第 9-10 页。

图54　力　任春林

重细节的真实，画家成功地捕捉到这一细节并给予艺术再现。这是他成功的原因。

其二是任春林的黑白木刻《力》（2008年，见图54）。这幅力作的杰出之处在于非常出色地诠释了黑白木刻所特有的"力之美"，反映了作者在素描和人体解剖方面深厚的功底。此外，刀法也很爽利给力。

其三是郭霞的丝网版画《轰轰烈烈》（2015年）。画面所示是中石化中原油田普光气田的一个工地，十多个方形的钢架，或直立，或倾斜，或交叉重叠，直冲云霄，景象雄伟壮观。底部的人物或忙于施工，或正在商酌，大片的黑色给人以压阵之感，红黄底色的套印则带给我们一种火红和热烈的美感。

写实风格之外，率先崛起的是构成主义，比较集中的时段是20世纪八九十年代。

构成主义始于20世纪初的苏联，艺术家们倡导"机械之美"、主张以长方形、圆形等构成画面。

鲁迅在《〈新俄画选〉小引》中说，他们的主张"不在Komposition（构图）而在Konstrucktion（构成），不在描写而在组织，不在创造而在建设"。又说："既是现代人，便当以现代的产业底事业为光荣，所以产业上的创造，便是近代天才者的表现。汽船、铁桥、工厂、飞机，各有其美，既严肃，亦堂皇。于是构成派画家遂往往不描物形，但作几何学底图案，比立体派更进一层了。"可见，构成主义艺术是很适合用于工业版画的，而常年工作在厂矿的工业版画家们也极易趋向构成主义。

张家瑞的《金蛇狂舞》（1981年）、《造巨轮》（1984年）、《渔岛》（1986年），宋恩厚的《五颜六色》（1984年）、《油城乐章》（1988年），廖有楷的《交班》（1984年）、《油管的旋律》（1989年），王树标的《集装码头》（1986年），沈良鸿的《模板工》（1989年），张忠喜的《流体、固体》（1989年），闫军的《建设者》（1991年），以及王胜红的《钢魂之三》（1998年，见图55）等，都是构成主义的新作。另外，1987年12月，由黑龙江美术出版社出版，由晁楣作序、李桦题写封面的《大庆版画》可说是80年代一本构成主义工业版画的专辑，内收作品105幅。其中，苏青岩的《雁鸣声声》、辛保成的《交错》、耿启峰的

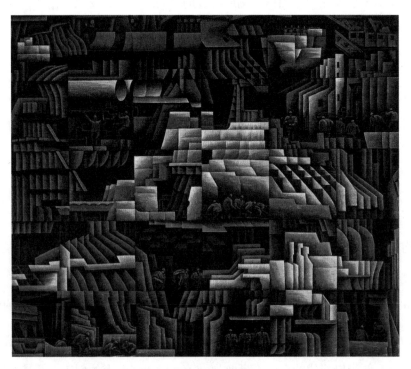

图55　钢魂之三　王胜红

《苍穹的信念》、那忠生的《磕呀磕》等，都是新颖独特的构成主义之作。

构成主义工业版画源于工业劳动。它的发展和崛起与向来占据版坛要津的写实之作形成鲜明对照，给版画带来一股强劲的新风。

象征主义也是这一时期值得关注的一种创作方法。具有代表性的作品有李建平的《飞过时空》（1990年）、李向光的《石油神韵》（1992年）、骆文冠的《特区之歌》（四幅，1995年）、李鹏的《钢铁筑起太阳红》（1995年）和《石油乐章》（2016年）等。

象征主义原是19世纪发端于法国的一个文艺流派，艺术家们推崇波德莱尔与感觉相应的理论，认为任何事物都具有与之相应的意念、含义，艺术家应挖掘这个彼岸世界，用直觉的意象（象征）来表现事物背后的含义，作品多含神秘色彩。仅以李鹏的《钢铁筑起太阳红》（见图56）为例，画面下方的钢架斜直交错；上方画一太阳，似与话题紧紧相扣；奔驰的骏马、跳舞的美女，仿佛是速度和欢乐的象征。但画面上方那八个类似眼睛的图案是何寓意，难以确说，颇为神秘……构图之出人意料，刀法之功力不凡，均可见作者独具匠心！

此外，学习和借鉴西方未来派与立体派的作者也有出现。未来派盛赞"速度之美"，力主将其引入绘画。洪涛的《奔驰的节奏》（2000年）和《和谐的基地》（2012年）等作品，均吸纳了西方具象和抽象相掺杂以及东方似与不似相结合的理论，力求捕捉动车奔驰的速度和节奏之美。改革开放以来，我国列车提速的惊人成就，举世瞩目。洪涛的这些作品，是对这一成就的引吭高歌。

立体派，又称立体主义，源于法国，波及欧洲其他国家。其理论立足于原子内部结构和相对论的发现，主张从上下左右、前后内外去观察和构成客体的形态，其局限是画物较易画人难。熊庆顺的《走进灯火》（2005年，见图57）应算是一幅勇于尝试、颇为成功的作品。画面表现六位工人走进灯火灿烂的开发区，人体和场景的构成均予人以立方体的感受，构图新颖而不以怪示人，显示了作者独辟蹊径的艺术追求。

图 56　钢铁筑起太阳红　李鹏

最后，还想介绍一种吸取我国汉代画像砖石风格的工业版画。作品有周志清的《玄武魂》（1993 年）、王永惠的《赛》（1994 年）、王颂的《惜恋》（1996年）等。

改革开放以来，我国工业版画在"洋为中用"和"古为今用"方面已取得较大成绩。毛泽东说："我们决不可拒绝继承和借鉴古人和外国人，哪怕是封建阶级和资产阶级的东西。"又说："有这个借鉴和没有这个借鉴是不同的，这里有文野之分，粗细之分，高低之分，快慢之分。"

在我国绘画史上，汉代是一个了不起的高峰。那时的画作大抵以人物为中心，以故事为题材，因为它反映了社会生活，故无愧"国画"的称号。六朝隋唐时代，随着佛道诸教之大盛，佛寺道观之兴建，道释画盛极一时。宋元以后，以山水花鸟为题材的文人画大兴，且渐被认为是"国画"。但鲁迅认为："就绘画而论，

图57　走进灯火　熊庆顺

六朝以来，就大受印度美术的影响，无所谓国画了。"（见 1935 年 2 月 4 日致李桦信）显然，以山水、花鸟、虫鱼等为题材的作品就是"国画"的看法，恐怕还是可以讨论的。真正意义上的国画，是以国人的生活为中心，能反映国人精神和灵魂的绘画，这样的作品才配得上国画的美誉。工业是国民经济的主导部门，既为国民经济各部门提供生产工具和技术装备，又为人民生活提供日用工业品。中国真正大规模的工业建设和国力大增，是在 20 世纪中期之后，至今恰好 70 年。在这种意义上，工业版画恰是见证新中国、描绘新中国、歌颂新中国的绘画，称之为中国绘画艺术的一支劲旅，着实当之无愧。

　　谨向我国数以千计的工业版画家致以真诚的谢意和崇高的敬意。

2019 年 8 月 10 日于京师

《赵延年插图鲁迅经典六种》序

浙江人民美术出版社即将推出《赵延年插图鲁迅经典六种》一套六册，分别为《狂人日记》《阿Q正传》《呐喊》《彷徨》《野草》和《故事新编》。内收赵延年所作黑白木刻插图160余帧。各册均图文对读，嘉惠读者，意义非凡。

赵延年（1924—2014），生于浙江湖州。抗战时期在粤、赣一带从事木刻运动，宣传抗日。1957年调入浙江美术学院（中国美术学院前身）任教。代表作有《抗议》《鲁迅像》《起来！饥寒交迫的奴隶》等。

赵先生是我国现代木刻大师之一。他是我国黑白木刻艺术的一面旗帜，成就非凡。他的创作以鲁迅小说插图为多。他是我国版画界钻研鲁迅作品最为深刻，实践鲁迅木刻教言最为勤奋，获得艺术成就最为辉煌的艺术家。

正当赵先生的艺术生涯步入一个极为可贵的全盛时代，一场长达十年之久的动乱来临了。赵先生也就在"牛棚"里，再次和鲁迅的著作相遇了。他说这"使我在茫茫无边的黑暗中还能得到一丝光明，也增添了我活下去的勇气"。他想，若能走出"牛棚"，就"一定要为《狂人日记》《阿Q正传》等作品刻制插图"。

粉碎"四人帮"前后，赵先生便以只争朝夕的精神，为鲁迅的小说刻起插图来了。为了探索"如何表现阿Q的手法"他率先创作了《祝福》《孔乙己》《孤独者》等数十幅插图，并且找到了表现狂人和阿Q的艺术手法。这就是他所独创的那种以人物为中心，以黑白为正宗，以平刀和斜刀放刀铲刻的极具刀木风味的艺术风格。这种风格改变了我国早期木刻的欧化倾向，为促进木刻艺术的民族化做出了贡献，更在日后《狂人日记》和《阿Q正传》插图的创作中大展风采。

《狂人日记》是"五四"文学革命的第一声春雷，它显示了文学革命的实绩。鲁迅说："……偶阅《通鉴》，乃悟中国人尚是食人民族，因此成篇。"作品的主题是"意在暴露家族制度和礼教的弊害"。

《狂人日记》中的狂人实际上是一位彻底反封建的"精神界的战士"。由于他的思想见识高于庸众，又为庸众所不解，所以他不但被赵贵翁目为异端，也常被庸众们视为异类，日久天长，便患上了"迫害狂"的病状。显然，狂人乃是一位将战士和狂人的特征统于一体的典型。因为是狂人，故其日记语无伦次，又因为是反封建的战士，更见其思想独异，见解睿智。他说："我翻开历史一查，这历史没有年代，歪歪斜斜的每叶上都写着'仁义道德'几个字。我横竖睡不着，仔细看了半夜，才从字缝里看出字来，满本都写着两个字是'吃人'！"赵先生在插图之十二中，吸取我国书法艺术之所长，写了"仁义道德"四个大字，又在字缝里刻了许多骷髅，完美地揭示原著的精髓。插图之三十六，是表现狂人吃饭时，想起了五岁的妹子死后，大哥不但没哭反而力劝母亲也不哭，奇怪！莫非大哥也是吃人者？又推想：自己也未必不在无意中吃了妹子的几片肉。最终，他发出了伟大而又深刻的疑问和人道主义的呼声：

"没有吃过人的孩子，或者还有？救救孩子……"

我们再看赵先生的插图，狂人那吃惊的眼神，肯定是在想自己用筷子夹起来的恐怕也一定是人肉啊！而大哥劝母亲的场面仅为背景。画面黑白对比分明，构图独具匠心。

《阿Q正传》是享有世界声誉的文学名著。鲁迅说，他写阿Q是要"写出一个现代的我们国人的魂灵来"。所谓"现代"，系指半殖民地半封建的时代；所谓"国人的魂灵"，是特指精神胜利法为核心的国民性。这种性格的特色是在种种恶势力的欺压下，化现实的失败为精神的胜利，以求得心灵的抚慰。阿Q是一个没有文化的贫雇农，封建的传统思想毒害着他的灵魂，长期痛苦、悲惨、屈辱的生活，酿成了他精神胜利的变态性格。

赵先生为《阿Q正传》所作的插图，达60帧之多。限于篇幅，只能列举一二，略加评说。

图 58　《阿Q正传》插图——阿Q像　赵延年

插图首幅就是《阿Q像》(见图58),我曾高度赞扬说:"画面上的阿Q那眼神,呆滞中略露狡黠,愚蠢中稍有狡诈,鼻腔中堵塞着失败的辛酸,微翘的下唇却示人以精神胜利的丑态,分明是失败后的走避,但却默念着'儿子打老子'的口头禅反顾对手,虚张声势……"

又如,插图之四十二,是表现辛亥革命风暴波及未庄之时,阿Q见举人老爷害怕,便索性"投降革命党了"。其实,阿Q的革命观是极其传统而又陈旧的。概而言之,无非是一要报仇,二要发财,三要选美。赵先生的构图,是让阿Q躺在土谷祠,头上放出一道毫光,内画洋钱、元宝、美酒、美女……深刻地揭示了他的革命观的本质。

《祝福》中的祥林嫂是一位勤劳、善良而又被愚弄、被委弃的典型。鲁迅在小说中,没有写她衣衫如何褴褛、饭菜怎样低劣,而是重在揭示她那可怖的精神痛苦。走向末路的她见到作品中的"我"时,问及地狱和魂灵的有无,正透露了她灵魂的分裂和痛苦。因为如果有,她虽然可以在阴间见到可爱的儿子阿毛,但却将被锯成两半,又怎能与亲人相见?!如果没有,被锯之苦可免,但又不能和阿毛团聚了。赵先生的《祝福》插图,非常成功地再现了祥林嫂的形象:那眼神是绝望的,手中提着一个空篮,内装一个空碗,倾斜欲倒的身体,全靠右手中的那根竹竿支撑。身后鲁家的阔人们大放着祝福的爆竹,而心怀忐忑和恐怖的祥林嫂却倒在了雪花飞舞的大地上。

《野草》是鲁迅的散文诗集,《故事新编》是历史小说,其中有些篇章较难理解,但赵先生仍然为它们刻了许多插图。扼要说来,《秋夜》《求乞者》《雪》《过客》等插图均是写实易解的;《立论》的插图,以剪影的艺术手法呈现;《狗的驳诘》《这样的战士》《聪明人和傻子和奴才》等插图,多有漫画的特色,也是较易明白的。但《影的告别》《好的故事》《死火》等插图的艺术手法就相当超前、相当难懂了。非常遗憾的是,我们再也没有机会向赵先生请教了。

至于《故事新编》的插图,限于篇幅,不再一一加以评述了。不过,我很欣赏《补天》（图59）的第一幅插图。众所周知，女娲是我国古代神话中抟土造人和炼石补天的人类始祖，赵先生的插图将她塑造得美丽而壮实，身上倾斜的刻线飘逸而潇洒，不愧是唯美的杰作。

我相信，赵先生的这许多插图，将和鲁迅的著作同在，并且能够长久地活在鲁迅的事业中。我也相信，"赵延年插图鲁迅经典"的出版将会在广大青年读者中引发热烈的反响。

是为序。

2018 年 8 月 2 日夜

图 59　补天　赵延年

张家瑞作《鲁迅与美术》藏书票小议

鲁迅是现代中国新美术运动的先驱和新兴版画运动的导师。书票艺术家张家瑞以"鲁迅与美术"为题创作了一套新作，寄我欣赏，令我大喜，遂提笔撰此短文，以示祝贺。

鲁迅曾把"复印中国的古刻"和"绍介欧美的新作"称作"中国的新木刻的羽翼"。他一面劝导版画家在进行创作时，要参考汉代石刻画像和明清古典木刻，一面又大量引进欧洲和苏联许多版画名家的不朽之作，供版画青年借鉴。他还重视漫画和连环图画的大众性和战斗作用，大声疾呼，予以倡导，终于带出了一批不下百人的美术大军，使版画、漫画和连环图画成了中国现代革命美术的先锋，出了众多大师，出了无数佳作，为中国人民的解放事业和社会主义建设做出了不可磨灭的贡献。

藏书票是版画艺术的一支，由欧洲经日本传入我国。早在 20 世纪 30 年代，鲁迅的木刻弟子李桦、唐英伟、赖少其等曾投身创作，但后来由于战争和极"左"思潮的干扰而停滞了。直到 20 世纪 80 年代，中国藏书票研究会成立后才又发展起来，而且蓬蓬勃勃，前景可观。

家瑞先生从 20 世纪 80 年代投身书票创作，至今已 30 年了。他不仅是书票艺术家，而且是书票活动家和收藏家，他精力充沛地参与国内外的书票活动，足迹遍布数十个国家，票友遍天下。他的书票创作，单幅之外，更痴迷于成套的连作，并与各界名家联袂合作。我所知道的是他曾和漫画大师华君武、书法名家邵华泽等合作过多套书票，大大拓展了书票艺术的创作天地。而这次《鲁迅与美术》藏书票是继《鲁迅生平》书票之后的又一套精品力作。

他的藏书票创作题材之广泛，视野之开阔着实令我敬佩而叹服。

这套书票共十四帧。每帧居中是鲁迅头像，而背景皆取与中外美术名家有关的名作。前八帧择取的是中国的遗产；九至十二帧的衬图是欧洲的名作，最后两帧则表现了在中国古刻和欧洲名作滋养下中国新兴版画和版画藏书票的蓬勃。

前八枚可以一和七为例略加评述。其一的背景是一帧山东临沂出土的汉画像，画面是一个羊头。原石已流散日本，我在东京的一个美术馆中见过的。陈列说明上说是"罗振玉赠"，是"赠"？是卖？只好存疑了。仅此便可知鲁迅这幅汉画拓片的藏品之可贵了。家瑞选取它做这套书票之首幅，可谓独具慧眼。其七的背景图，分别是陶元庆为鲁迅小说《彷徨》所作之装饰画、为许钦文的《故乡》所作之封面画《大红袍》，还有所画之鲁迅炭笔肖像。这三件力作皆为鲁迅赞赏；而家瑞创作之鲁迅像也蔼然若友，栩栩如生，堪称精品。

衬图取欧洲名作的四帧。可以第十一帧为例，谈一点想法。我认为，珂勒惠支的绘画天分和素描功力几乎是无人可比的。我国画论早有"手挥琵琶易，目送归雁难"的论说，而珂氏确是画眼的高手。家瑞这张书票的功力正在画眼。虽有原作可参照，但能在小小的书票上出色地再现原作的风采也很难能可贵。这套书票的最后两帧表现的是在鲁迅培育下我国版画和书票艺术所获得的崭新成果。它告诉我们像李桦、刘仑、唐英伟、陈仲纲这样一些前辈，都曾为书票艺术的发展做出过杰出贡献。这已是历史，是当今的晚辈应当知晓的。

鲁迅的美术理论就其要点来说，可概括为艺术为大众，人物为中心，技术要过硬，遗产要继承，追求民族性，作品要能懂。这些要点适用于版画，也适用于书票。在这些方面，张先生都率先垂范，为我们做出了光辉的榜样。

2013 年 1 月 30 日草成于京师

附录：鲁迅论西方现代派艺术

中国文艺界上可怕的现象，是在尽先输入名词，而并不绍介这名词的函义。

于是各各以意为之。看见作品上多讲自己，便称之为表现主义；多讲别人，是写实主义；见女郎小腿肚作诗，是浪漫主义；见女郎小腿肚不准作诗，是古典主义；天上掉下一颗头，头上站着一头牛，爱呀，海中央的青霹雳呀……是未来主义……等等。

还要由此生出议论来。这个主义好，那个主义坏……等等。

乡间一向有一个笑谈：两位近视眼要比眼力，无可质证，便约定到关帝庙去看这一天新挂的扁额。他们都先从漆匠探得字句。但因为探来的详略不同，只知道大字的那一个便不服，争执起来了，说看见小字的人是说谎的。又无可质证，只好一同探问一个过路的人。那人望了一望，回答道："什么也没有。扁还没有挂哩。"

我想，在文艺批评上要比眼力，也总得先有那块扁额挂起来才行。空空洞洞的争，实在只有两面自己心里明白。

——《扁》

Lunacharski 说过，文艺上的各种古怪主义，是发生于楼顶房上的文艺家，而旺盛于贩卖商人和好奇的富翁的。那些创作者，说得好，是自信很强的不遇的才人，说得坏，是骗子。但此说嵌在中国，却只能合得一半，因为我们能听到某人在提倡某主义——如成仿吾之大谈表现主义，高长虹之以未来派自居之类——而从未见某主义的一篇作品，大吹大擂地挂起招牌来，孪生了开张和倒闭，所以欧洲的文艺史潮，在中国毫末开演，而又像已经——演过了。

——《〈奔流〉编校后记（十一）》

今天没有讲题，只是随便谈谈。

上古时代的绘画，题材大都以动物为主，如马、牛、鹿等。画上描出的轮廓，很不清晰，因为原始人的绘画程度浅，没有画准轮廓的能力。虽然如此，却很有生气。

人类社会逐渐进步，对上古的绘画便不满足，于是描绘轮廓就注意起来。轮廓线条一经确定，就失去生动的情趣，因为宇宙间的人和物，无时不在运动中。如用一根刻板的线条规定了形状，必然会失去其生气。

到了十九世纪，绘画打破了传统技法，新派画摒弃线条，谓之线的解放，形的解放。未来派的理论更为夸大。他们画中所表现的，都是画家观察对象的一刹那的行动记录。如《裙边小狗》《奔马》等都有几十条腿。因为狗和马在奔跑的时候，看去不止四条腿。此说虽有几分道理毕竟过于夸大了。这种画法，我以为并非解放，而是解体。因为事实上狗和马等都只有四条腿，所以最近恢复写实主义的倾向，这是必然的归趋。

新派画的作品，几乎非知识分子不能知其存意。因此绘画成了画家的专利品，和大众绝缘，这是艺术的不幸。

欧洲的各个新画派有一个共同倾向，就是崇尚怪奇，我国青年画家也好作怪画，造成了画坛的一片混乱，怪并不是好现象。有人说怪打倒了一切古旧的传统形式，是革命。不错，怪足以破坏旧形式，但如言建设新形式，怪就嫌不够了。所以说新派画破坏有余，建设不足。

依我个人意见，怪应当减少。但减少怪不是易事，因为怪比不怪容易得多。古人说："画鬼容易画人难。"鬼没有根据，容易欺人。要减少怪，先得在基础上用功夫，不然则很难奏效。我们志在"为社会而艺术"，不得不下些苦功。

我国艺术界闹了多年天才，可不知天才又在哪里？其实，艺术并不是有天才的人方能研究。自然，天分高的人比常人容易成功，但同样要努力。总之基础不深，画不出好画来。

新派画里常常可以发现错误。有人所作的劳动者，手臂很粗。劳动者比常人健康，应当粗壮些。但这位画家不懂解剖学，以致骨骼肌肉，都不合解剖，结果手臂不是粗壮而是肿了，就是一个例子。

依我看来，青年美术家应当注意以下三点：一、不以怪炫人，二、注意基本技术，三、扩大眼界和思想。画家如仅画几幅静物、风景和人物肖像，还未尽画家的能事。艺术家应注意社会现状，用画笔告诉群众所见不到的或不注意的社会事件。总而言之，现代画家应画古人所不画的题材。

古人作画，除山水花卉而外，绝少画社会事件，他们更不需要画寓有什么社会意义。你如问画中的意义，他便笑你是俗物。这类思想很有害于艺术的发展。我们应当从这类旧思想中解放出来。

今天的画家作画，不应限于山水花鸟，而应是再现社会的情况于画幅之上。而中国社会上所欢迎的是月份牌。月份牌上的女性是病态的女性。月份牌除了技巧不纯熟之外，它的内容尤其恶劣。中国现在并非没有健康的女性，而月份牌所描写的却是弱不禁风的病态女子。这种病态，不是社会的病态，而是画家的病态。画新女性仍然要注意基本技术的锻炼。不然，不但不能显新女性之美，反扬其丑，这一点画家们尤其要注意。

工人农民看画是要问意义的，文人却不然，因此每况愈下，形成今天颓唐的现象。十九世纪法国很多画家只在色彩上花功夫，这和中国画家只在山林泉石的构图上花功夫同样错误。"意义"在现代绘画上是一件很重要的事。装饰画自然例外。因它的使命不过是调剂人们精神而已，不能不承认它是纯粹的艺术。

展览会很有益于美术家，在那里可以增加他们的艺术兴趣，同时也锻炼了鉴别作品优劣的欣赏能力。因为单看一幅画，不容易分辨好坏，比较看来，优劣立见。

中国有一些从欧美或日本留学回国的画家，他们的创作命题很抽象，如一幅少女像，题为《希望》、《思想》……之类。用命题欺骗群众，或以色彩诱惑读者的虚伪画家，在中国为数不少，别人如问作品的内容，他便笑你不懂艺术。因此就有越为少数人欣赏的东西，其价值越高的论调出现。甚至画家自己也无法解释的作品，就是最高的艺术。

谁都承认绘画是世界通用的语言，我们要善于利用这种语言，传播我们的思想。版画的好处就在便于复制，便于传播，所以有益于美术运动。可惜我们的美术家，不肯做这些没有天才的小事，结果大事做不成，小事没人做。

我们应将旧艺术加以整理改革，然后从事于新的创造，宁愿用旧瓶盛新酒，勿以陈酒盛新瓶。这样做美术界才有希望。

以上是我近年来对于美术界观察所得的几点意见。

今天我带来一幅中国五千年文化的结晶，请大家欣赏欣赏。（说时一手伸进长袍，把一卷纸徐徐从衣襟上方伸出，打开看时，原来是一幅病态十足的月份牌，引得哄堂大笑。在笑声和掌声中，先生结束了他的讲演。）

刘汝醴记

（以上是鲁迅先生 1930 年 2 月 21 日在上海中华艺术大学的讲演。）

——张望编《鲁迅论美术》（增订本）1982 年 2 月人民美术出版社出版

大约三十年前，丹麦批评家乔治·勃兰克斯（ Georg Brandes ）游帝制俄国，作《印象记》，惊为"黑土"。果然，他的观察证实了。从这"黑土"中，陆续长育了文化的奇花和乔木，使西欧人士震惊，首先为文学和音乐，稍后是舞蹈，还有绘画。但在十九世纪末，俄国的绘画是还在西欧美术的影响之下的，一味追随，很少独创，然而握美术界的霸权，是为学院派（ Academismus ）。至九十年代，"移动展览会派"出现了，对于学院派的古典主义，力加掊击，斥摹仿，崇独立，终至收美术于自己的掌中，以鼓吹其见解和理想。然而排外则易倾于慕古，慕古必不免于退婴，所以后来，艺术遂见衰落，而祖述法国色彩画家绥珊的一派（ Cezannist ）兴。同时，西南欧的立体派和未来派，也传入而且盛行于俄国。

十月革命时，是左派（立体派及未来派）全盛的时代，因为在破坏旧制——革命这一点上，和社会革命者是相同的，但问所向的目的，这两派却并无答案。

尤其致命的是虽属新奇，而为民众所不解，所以当破坏之后，渐入建设，要求有益于劳农大众的平民易解的美术时，这两派就不得不被排斥了。其时所需要的是写实一流，于是右派遂起而占了暂时的胜利。但保守之徒，新力是究竟没有的，所以不多久，就又以自己的作品证明了自己的破灭。

这时候，是对于美术和社会底建设相结合的要求，左右两派，同归失败，但左翼中实已先就起了分崩，离合之后，别生一派曰"产业派"，以产业主义和机械文明之名，否定纯粹美术，制作目的，专在工艺上的功利。更经和别派的斗争，反对者的离去，终成了以泰忒林（Tatlin）和罗直兼珂（Rodschenko）为中心的"构成派"（Konstructivismus）。他们的主张不在 Komposition 而在 Konstruktion，不在描写而在组织，不在创造而在建设。罗直兼珂说："美术家的任务，非色和形的抽象底认识，而在解决具体底事物的构成上的任何的课题。"这就是说，构成主义上并无永久不变的法则，依着其时的环境而将各个新课题，从新加以解决，便是它的本领。既是现代人，便当以现代的产业底事业为光荣，所以产业上的创造，便是近代天才者的表现。汽船，铁桥，工厂，飞机，各有其美，既严肃，亦堂皇。于是构成派画家遂往往不描物形，但作几何学底图案，比立体派更进一层了。如本集所收 Krinsky 的三幅中的前两幅，便可作显明的标准。

Gastev 是主张善用时间，别树一帜的，本集只收了一幅。

又因为革命所需要，有宣传，教化，装饰和普及，所以在这时代，版画——木刻、石版、插画、装画、蚀铜版——就非常发达了。左翼作家之不甘离开纯粹美术者，颇遁入版画中，如玛修丁（有《十二个》中的插画四幅，在《未名丛刊》中），央南珂夫（本集有他所作的《小说家萨弥亚丁像》）是。构成派作家更因和产业结合的目的，大行活动，如罗直兼珂和力锡兹基所装饰的现代诗人的诗集，也有典型的艺术底版画之称，但我没有见过一种。

——《〈新俄画选〉小引》

二十世纪才是十九年初头，好像还没有新派兴起。立方派（Cubism）未来派

（Futurism）的主张，虽然新奇，却尚未能确立基础；而且在中国，又怕未必能够理解。

——《随感录五十三》

新的艺术，没有一种是无根无蒂，突然发生的，总承受着先前的遗产，有几位青年以为采用便是投降，那是他们将"采用"与"模仿"并为一谈了。中国及日本画入欧洲，被人采取，便发生了"印象派"。有谁说印象派是中国画的俘虏呢？专学欧洲已有定评的新艺术，那倒不过是模仿。"达达派"是装鬼脸，未来派也只是想以"奇"惊人，虽然新，但我们只要看 Mayakovsky（指马雅可夫斯基）的失败（他也画过许多画），便是前车之鉴。既是采用，当然要有条件，例如为流行计，特别取了低级趣味之点，那不消说是不对的，这就是采取了坏处。必须令人能懂，而又有益，也还是艺术，才对。

——1934 年 4 月 9 日致魏猛克信

来信谓好的插画，比一张大油画之力为大，这是极对的。但中国青年画家，却极少有人注意于此。第一，是青年向来有一恶习，即厌恶科学，便作文学家，不能作文，便作美术家，留长头发，放大领结，事情便算了结。较好者则好大喜功，喜看"未来派""立方派"作品，而不肯作正正经经的画，刻苦用功。人面必歪，脸色多绿，然不能作一不歪之人面，所以其实是能作大幅油画，却不能作"末技"之插画的，譬之孩子，就是只能翻筋斗而不能跨正步。

——1934 年 4 月 12 日致姚克信

盖中国艺术家，一向喜欢介绍欧洲十九世纪末之怪画，一怪，即便于胡为，于是畸形怪相，遂弥漫于画苑。而别一派，则以为凡革命艺术，都应该大刀阔斧，乱砍乱劈，凶眼睛，大拳头，不然，即是贵族。我这回之印《引玉集》，大半是在供此派诸公之参考的，其中多少认真，精密，那有仗着"天才"，一挥而就的作品，倘有影响，则幸也。

——1934 年 6 月 2 日致郑振铎信

新的建设的理想，是一切言动的南针，倘没有这而言破坏，便如未来派，不过是破坏的同路人，而言保存，则全然是旧社会的维持者。

——《〈浮士德与城〉后记》

天才们无论怎样说大话，归根结蒂，还是不能凭空创造。描神画鬼，毫无对证，本可以靠了神思，所谓"天马行空"似的挥写了，然而他们写出来的，也不过是三只眼，长颈子，就是在常见的人体上，增加了眼睛一只，增长了颈子二三尺而已。这算什么本领，这算什么创造？

——《叶紫作〈丰收〉序》

伟大也要有人懂。

——《叶紫作〈丰收〉序》

图书在版编目（CIP）数据

鲁迅与中外美术 / 李允经著. -- 长沙：湖南美术
出版社, 2022.1
　ISBN 978-7-5356-9597-0

　Ⅰ.①鲁… Ⅱ.①李… Ⅲ.①鲁迅（1881-1936）—人
物研究②美术史—世界 Ⅳ.①K825.6②J110.9

中国版本图书馆CIP数据核字(2021)第186629号

鲁迅与中外美术

LUXUN YU ZHONGWAI MEISHU

出 版 人：黄　啸
著　　者：李允经
责任编辑：曹昱阳
装帧设计：曹昱阳
责任校对：谭　卉　汤兴艳
出版发行：湖南美术出版社
　　　　　（长沙市东二环一段622号）
印　　刷：长沙新湘诚印刷有限公司
　　　　　（长沙市开福区伍家岭街道新码头9号）
开　　本：710mm×1000mm　1/16
印　　张：15.25
版　　次：2022年1月第1版
印　　次：2022年1月第1次印刷
书　　号：ISBN 978-7-5356-9597-0
定　　价：88.00元

邮购联系：0731-84787105　　邮　编：410016
网　　址：http://www.arts-press.com/
电子邮箱：market@arts-press.com/
如有倒装、破损、少页等印装质量问题，请与印刷厂联系斠换。
联系电话：0731-84363767